Springboard
Launching Your Personal Search
for SUCCESS

ウォートン・スクールの
本当の成功の授業

リチャード・シェル＝著
木村千里＝訳

Discover

過去の、現在の、そして未来の生徒たちに。
多くを教えてくれるあなた方に感謝を込めて。

SPRINGBOARD

by G.Richard Shell

This edition published by arrangement with
Portfolio, a member of Penguin Group(USA)Inc.
through Tuttle-Mori Agency, Inc., Tokyo

ある男が空に黄金の球を見た。
それを求めてせっせと登り
やっとたどり着いてみると
それは泥だった。
さあ、ここがこの話の奇妙なところだ。
男が地上に降り、再び空を見上げれば
なんと、そこにあるは黄金の球。
さあ、ここがこの話の奇妙なところだ。
それは黄金の球だった。
そう、紛《まご》う方無《かたな》き、黄金の球だった。

――スティーヴン・クレイン

ウォートン・スクールの本当の成功の授業◎もくじ

はじめに　自分の道を見つける「2つの大きな質問」

◎わたしの「冒険期」……14
◎わたしはどん底に落ちた……16
◎人生の分かれ道、そして探求の旅の終わり……18
◎冒険の道は出発点へと戻る……19
◎成功研究、成功セミナー、そして「成功の授業」へ……21
◎あなたが答えなくてはならない「2つの大きな質問」……24
◎本書の構成……26

第Ⅰ部

第1の大きな質問「成功とは何か?」

第1章 成功とは「自分らしい人生」を選ぶこと

◎成功の4つのセオリー……43
成功の価値観のセルフチェック 「6つの人生」の演習……46
◎〝「6つの人生」の演習〟に見る成功の2つの側面……52
解説 〝「6つの人生」の演習〟で分かるあなたのモチベーション……54
ポイント 成功の2つの側面のバランスを見つけよう……60

第2章 成功とは「幸せ」になること

◎3つの幸せの謎……64

◎「瞬間的幸せ」を増やす3つの方法……67
◎「総合的幸せ」を高める4つの方法……72
「総合的幸せ」のセルフチェック　あなたの「総合的幸せ」は脚立の何段目？……72
◎第3の幸せ「魂の経験」……79
◎ネガティブな感情の価値……82
◎宗教は「幸せの追求」が目標ではない……86
幸福の定義のセルフチェック　あなたにとっての幸せを定義する……92
ポイント　成功を自分で定義しよう……98

第3章　成功とは「地位・名声・富」を得ること

◎成功の外的側面　地位・名声・富……101
◎文化的な価値観の影響　なぜ仏陀は太っているのか……103
◎〝刷り込み〟から目覚める……105
◎家族は文化の虫めがね……108

◎成功依存症の〝餓鬼〟……111
◎地位・名声・富に代わる目標とは？……116
お金の先にある人生のセルフチェック　１００億円の宝くじ……120
ポイント　家族と文化の価値観を把握しよう……126

第4章　成功とは「やりがいのある仕事」

◎成功の内面的側面　やりがいのある仕事とは？……131
◎あなたの仕事は、労働、キャリア、それとも天職？……133
◎やりがいを生み出す「深い感情的な体験」……136
◎仕事にやりがいを与えるストーリー……138
◎やりがいのある仕事の７つの基礎……140
◎やりがいのある仕事にアプローチする……159
ポイント　やりがいのある仕事を見つけよう……163

第Ⅱ部
第2の大きな質問「どうやって成功するか？」

第5章 素質――「うまくできること」を見極める

素質のセルフチェック　誰にも負けないこと……170

◎あなたの素質　組み合わせが成功への鍵……171

◎あなたのダイヤモンドはどこにある？……173

◎自分だけのダイヤモンドの探し方　心に耳を傾ける……177

性格の強みのセルフチェック　強み診断テスト〝SAME《セイム》〟……188

◎SAMEの結果を分析しよう……199

解説　キー・パーソナリティーと相性の良い職業の例……202

ポイント　あなた独自の素質の組み合わせを探ろう……206

第6章　モチベーション――自分に火をつける

◎2種類のモチベーション　内発的な満足感・外発的な報酬……208
◎2つのモチベーションのバランスを考えよう……209
◎満足感ベースのモチベーション　性格の役割……214
◎モチベーションを維持する　やる気を補給する6つの習慣……221
ポイント　内発的モチベーションと外発的モチベーションを組み合わせる……234

第7章　自信――リスクを恐れず前に進む

◎2種類の自信を手に入れる……238
◎第1段階の自信　本当の自分を信じる……240
自信のセルフチェック　心の支えとなる言葉をくれた人……247

自信のセルフチェック2　自信をつけてくれた経験……250
◎第2段階の自信　成功する思考傾向……253
◎自信を定期的に補給しよう……260
ポイント　自信を育てよう……272

第8章　集中——情熱・想像力・直感・理性を集中させる

◎リンドバーグの目標達成プロセス……275
◎目標を達成するための4つの精神力……278
◎目標達成の5つのステップ……284
◎決断の瞬間　4つの精神力を超越するとき……296
◎計画に固執せず、臨機応変に対処する……298
目標達成プロセスのセルフチェック　あなた自身の目標を振り返る……300
ポイント　4つの精神力を1点に集中させて、目標を達成しよう……306

第9章 信頼性と対話——人を動かす

◎友達を作り、影響力を発揮する……312
◎うち解けた関係《ラポール》を築いて「有用な友」を作る……315
◎類似性と好意 どうやって場に溶け込むべきか？……320
◎信頼性を築く 人間関係を通じてものごとを成し遂げる……326
◎善き友 内面的成功に貢献する人間関係……338
「善き友」のセルフチェック わたしの「善き友」たち……340
ポイント 影響力を働かせ、人を巻き込む……344

おわりに それぞれの道へ

◎第1の大きな質問「成功とは何か？」……349
◎第2の大きな質問「どうやって成功するか？」……356

はじめに

自分の道を見つける「2つの大きな質問」

ラルフ・ワルド・エマソン：ハーバードにはたいていの学科《ブランチ》が揃っている。

ヘンリー・デイヴィッド・ソロー：ええ、おっしゃる通りです。

枝《ブランチ》はすべて揃っていますが、根は1つもありません。

わたしはペンシルベニア大学経営大学院《ビジネス・スクール》〝ウォートン・スクール〟で働いている。ＭＢＡ課程や学部課程で教鞭を執ると同時に、アメリカ海軍特殊部隊〝ＳＥＡＬｓ《シールズ》〟やＦＢＩの人質交渉人、フォーシーズンズ・ホテルの経営陣、Ｇｏｏｇｌｅの管理職など、幅広い分野の人々を指導するのがわたしの仕事だ。

たいていの人に驚かれるのだが、わたしが大学教師としての道を歩き出したのは37歳を過ぎてからだった。わたしは20代を無職で過ごし、その間ずっと「自分の道」をまったく見いだせないでいた。今、それは人生において最も重要な時期だったと思っている。その挫折ばかりの時期に、成功の意味について気づきを得られたからだ。本書のはじめに、そのときのことをお話ししたい。

◉──わたしの「冒険期」

わたしは大学に入る際、軍から全額給付型の奨学金を受けた。そして、その権利と引き換えに、卒業と同時に海軍将校になり、最低6年間は兵役に服することに同意した。

当時はベトナム戦争の時代だった。クラスメートも教師も反戦派ばかり。報道が激化し、戦闘の生々しい映像に悩まされるうちに、わたしは戦争が正当なものではないと確信するに至った。そして、わたしは奨学金を辞退し、徴兵カードを大学の牧師に渡し、平和主義者になることを誓った。

徴兵カードを手放したあの日、わたしは人生の道筋を自ら断ったのだ。その後も外見上は普通にやっていたが、わたしは自分が何者なのか分からなくなっていた。

大学を卒業すると、軍服を着ることなくソーシャル・ワーカーになったが、将来は見えてこなかった。間もなく、その仕事をやめ、家屋塗装のアルバイトを始めた。両親とは口もきかず、クリスマスでさえ実家に帰ることを拒んだ。

粉々に打ち砕かれたわたしの人生。進むべき道はどこにあるのか、見当もつかなかった。そこでわたしは旅に出た。その旅が、この本へとつながっている。

社会学者は、西洋社会に比較的最近現れた「冒険期」という特徴的なライフステージの存在を指摘している。それは20〜30歳代に、自分の価値観や目標を探す時期を指している。しかし、〝冒険〟は、思わぬ解雇や離婚を経験したり、退職が近づいてきたときなど、人生の後半でも始まる可能性がある。

〝冒険〟のミッションとは、人生の次のステージで進む道を見極めることだ。ときには家族や常識と対立し、経済的な不安にさらされながら、その先の人生を見極めなければならない。

当然ながら、その旅の行程は人によってまちまちだ。そして、旅がいつどこで終わるかも、事前には絶対に分からない。

1976年6月、わたしはアメリカを離れ、なけなしの3000ドル（30万円・1ドル100円で概算）とバックパックを背負って、世界へ旅に出た。

いつ帰るのか、そもそも帰るつもりがあるのかさえ分からなかった。分かっていたのはただ、自信を取り戻したい、信じられる人生の道を見つけたい、ということだけだった。

旅の始まりはギリシャだった。なるべく安いユースホステルやホテルに泊まり、時には公園で寝ることさえあった。ギリシャ北部にあるアトス山の修道院から、イスラエルのガリラヤ湖を見下ろす山の中腹まで、聖書を読みながら徒歩で回った。

そして東洋と西洋が交わる偉大な交差点、トルコのイスタンブールで、マジック・バスと呼ばれる長距離バスを知る。そのバスは毎日出発し、陸路でインドのニューデリーまで向かう。35ドル（3500円）を前払いすれば、あとは途中どこで降りても構わないし、1週間後でも、何なら1カ月後でも、またそれに乗って旅を再開していいという。

そこでわたしはそのマジック・バスに乗り込み、少しずつ進むことにした。イスタンブールからイランへ、そしてイランからアフガニスタンへ。

◉――わたしはどん底に落ちた

きつい旅だった。アフガニスタンをヘラート～カンダハル～カブールへと横断する道中ずっと、砂ぼこりを吸わされた。

カブールに入ったとき、雨が降り出した。わたしはかすかに目眩を感じながらバスのステップを降り、道とは名ばかりのぬかるみに足を降ろした。

そのときふとその日が何の日だったかを思い出す。クリスマス・イブだ。「Hotel?《ホテール》」と訊くと運転手は弧を描いてある方向を指し示した。それに従って、近くの低層の建物群へ向かう。安宿にチェックインし、残り1つのベッドに1泊50セント（50円）でありつく。玄関ホールにある簡易ベッドは、カーテン代わりのぼろ布で囲まれていた。

荷物を下ろすと再び外出し、町を目指した。しかし1歩進むごとに目眩はひどくなっていく。わたしは50メートルも歩かないうちに意識を失い、道ばたで崩れ落ちた。

意識を取り戻したとき、わたしは泥の上で仰向けになっていた。円になってわたしを見下ろしている色黒のやじ馬たちの顔が見える。

周りには人だかりができていた。薄汚れたアフガニスタンの軍服を着た男が、わたしの顔をのぞき込んだ。別の青年が手をさしのべ、わたしを引き起こしてくれた。吐きそうだったが、わたしはどうにかこうにか立ち上がった。

人生のどん底に落ちたとき、まさに落ちた瞬間にそれを自覚することはあまりないものだが、その朝よろよろと宿に戻りながら、わたしは自分がどん底に近い所まで落ちていることを自覚していた。

もしその夜、〝いずれあなたは法科大学院《ロー・スクール》をクラストップに近い成績で卒業し、ボストンの連邦控訴裁判所で働き、ウォートン・スクールの法学・倫理学・経営学の教授をすることになるんですよ〟と言ってくる人がいたら、わたしはその人の正気を疑っただろう。

わたしは旅によって、自分を心身の限界まで追い込み、孤独になり、不潔になり、病人になっただけだった。1年前と比べても、人生の方向性を見いだすというゴールに一歩も近づいていない。深い絶望感に襲われた。

これからどんな変化が起きるのかは分からない。しかし、あてもなく世界を放浪しても問題は解決されないのだということは分かった。

◉人生の分かれ道、そして探求の旅の終わり

数週間かけて、やっと体調が回復した。その後の旅は、漠然と遠くを目指すものではなく、精神的体験を探求するものになった。

カイバル峠を越えてパキスタンへ、そしてさらにインドへと向かい、ヒンズー教の僧院で瞑想術を学んだ後、スリランカのカンドゥボダにある仏教僧院で生活することになった。

そこの高僧、シーヴァリ・テーラの指導のもと、1日18時間、座禅を組んだり歩いたりしながら〝観察の瞑想〟をすることで、わたしは物事をあるがままに受け止められるようになり、徐々に自分の感情をはっきり理解できるようになっていった。

仏教の瞑想法の基礎を身につけた次は、仏陀の人生について学ぶことにした。そのために、仏陀が悟りを開いたというインドの聖地（ブッダガヤ）と、その悟りに基づいて初めて説教を説いたという聖地（サルナート）を巡礼した。

その後数カ月かけて、ネパール、タイ、香港、台湾を点々とし、最終的に韓国にたどり着く。そして韓国南部の山地にある松広寺《ソングァンサ》という美しい寺院で、クー・サンという名の禅師に出会った。

クー・サンは、わたしをこう誘った。旅行をやめて、松広寺《ソングァンサ》で僧になって悟りの追究に人生を捧げてみませんか、と。わたしはしばらくの間松広寺に滞在し、そのことについて熟考した。

そして、決断した。選んだのは、今現在わたしがいる場所に通じる道だった。わたしは帰国の途に着いた。カブールから始まった探求の旅が終わったからだ。

◉——冒険の道は出発点へと戻る

詩人T・S・エリオットはかつてこう書いた。「わたしたちの探求はすべて旅の出発点に行き着く。そのとき初めてその場所のことを本当に知ることになる」、と。

わたしもまさにそうだった。祖国に戻ったときには、もう20代後半。相変わらず、この先どうするか何も見えていなかった。

わたしは両親とよりを戻し、彼らの家の空き部屋で暮らすことにした。両親の家はヴァージニア州レキシントンにあった。父が海兵隊を退職後、わたしはその小さな田舎町で育ったのだ。わたしは家庭用断熱材の訪問販売の仕事に就いた。こどもの頃からの馴染み深い場所をすべて回り、わたしが何年も前にここを離れたときから、何もかもほとんど変わっていないことに驚いた。

翌年が過ぎた頃から、本格的に、自分の〝天職〟に目を向けはじめた。自分が人よりうまくできることは何か考え、文章能力が生かせる職業を調べた。

法律がそのような職業に当たると考え、ヴァージニア大学の法科大学院《ロー・スクール》に願書を提出、とんとん拍子で入学することになった。また、学生時代から付き合っていた大学のクラスメートの元彼女とやり直し、結婚した。

そんなある日、法科大学院《ロー・スクール》の授業中に突然ひらめきに襲われた。その教室には150人の生徒がおり、みなその日の法律のトピックについて話そうと、準備万端整った状態で待ちかまえていた。

そこに現れたひときわ有能な教授が、わたしをすっかり釘付けにしてしまったのだ。わたしは教授が次にする質問を予想し、わたしを当ててくれたらいいのに、と思った。こみ上げてきたエネルギーと知的な高揚感でわたしの胸は熱く満たされ、ある想いが芽生えた。

あの教壇に立つ人になりたい。こんな感動とひらめきを人に与えられるようになりたい。

わたしは、教師になりたい！

授業を重ねるうちにその想いは確かなものになった。目標はようやく定まった。しかし、それを実現するには乗り越えなくてはならないことが山ほどあった。

法科大学院《ロー・スクール》を卒業し、連邦控訴裁判所で仕事をし、弁護士として働き……。実に6年かかって、37歳になってようやく、わたしはウォートン・スクールで教師の道を歩み始めた。

◉——成功研究、成功セミナー、そして「成功の授業」へ

1986年にウォートンの教員の仲間入りを果たし、ジュニア職からシニア職へ昇進してみて、わたしは教授生活の意外な事実を発見した。教授というのは、単に情熱を追えるだけでなく、情熱を生み出せる仕事だということだ。

わたしは最初法律を教えていたが、やがてウォートン・スクール初の〝交渉と問題解決〟をテーマとする授業を立ち上げた。その講座をやるには社会心理学に精通しなければならなかったが、その知識を生かして指導すると、生徒たちは自分の感情をはっきり認識できるようになった。いつの間にかわたしは、わたし自身が旅行中に至ったような状態に生徒を導いてやれるようになっていたのだ。

生徒たちとキャリアや人生のビジョンについて話し合いを重ねることで、彼らが目標やアイデンティティを認識するためには、社会心理学よりも、「成功」という概念を突き詰める方がずっと役に立つのだ、と気づかされた。

ペンシルベニア大学にいたおかげで、学びたい分野について、わたしよりずっと詳しい、熟達した同僚たちと知り合える機会が当たり前のように転がっていた。

わたしはマーティン・セリグマン教授に出会った。１９９０年代後半にポジティブ心理学という分野を確立した世界的に有名な研究者だ。それから、セリグマンの最も優秀な教え子であるアンジェラ・ダックワースにも。

わたしは彼女の助けを借り、成功セミナーを開いた。史上初めて成功の方法を教えた本『自伝』を書いたベンジャミン・フランクリンの生誕３００周年を祝したものだ。そこには、心理学、哲学、宗教分野の一流教師陣を招待し、現代における成功の意味について話し合った。

そして2005年、わたしはウォートンで成功についての講座を開設した。それは今も人気講座として続いている。正式な講座名は「The Literature of Success: Ethical and Historical Perspectives（成功文学研究　～倫理的・歴史的見地から成功を考える～）」。ウォートンの生徒たちがそう呼ぶように、本書では「成功の授業」と呼ばせていただく。

「成功の授業」には、わたしが古今何百冊もの自己啓発書、哲学書、伝記、心理学の研究論文等を読み、研究した成果が凝縮されている。授業で最もよく取り上げるのは、アリストテレス、プラトン、デール・カーネギー、チャールズ・リンドバーグ、スティーブン・コヴィー、そしてベンジャミン・フランクリンの作品だ。

「成功の授業」は、これらの作品の根底に迫ることを目指している。その方法として、学生や教員たちに、人生の目標や成功の概念について、授業でざっくばらんに語ってもらう。

この授業が知られるにつれ、わたしは様々な学校から講演を依頼されるようになり、エグゼクティブ向けに、成功の意味についてセッションをしてくれないかと言われるようになった。

この魅惑的なテーマを教えることで、わたしが学んだこととは何だろうか？

それは、名門私大8校〝アイビーリーグ〟の学生たちやエグゼクティブたちも〝成功ハウツー本〟のアドバイスに頼る大勢の人々と何ら変わらないということだ。

「どうしたら人ともっとうまくやっていけるのか？」

「どうしたら仕事で出世できるのか？」

「どうしたら人生の意義を見つけられるのか？」

みな一様に、こうした極めてやっかいな問題を解く方法を求めている。もう何年も前、ワシントンでペンキ塗りをしていた頃のわたしがそうだったように。

わたしは、「成功の授業」で、そして、その授業を書籍化した本書で、「成功の探求」という迷路を抜け出す考え方を提供したいと思っている。

わたしは、あなたが今いる所から歩き出せるようにお手伝いしたい。あなたは本書をジャンプ台として使って、自分にとっての成功の道を探す旅に飛び出せる。ウォートンの生徒たちの報告から見ても、本書はあなたの人生を変えることになるはずだ。

あなたが答えなくてはならない「2つの大きな質問」

本書の目的は、あなたに「2つの大きな質問」の答えを見つけてもらうことだ。これは「成功の授業」で、生徒たちが取り組む命題でもある。

・第1の大きな質問　「成功とは何か？」
・第2の大きな質問　「どうやって成功するか？」

本書はこの2つの質問を元にした2部構成になっている。

この質問に答えを出せるのは、あなただけだ。しかも、本書を読んで、一度答えを出したとしても、人生が進むにつれて、数々の困難にぶつかり、最初に出した答えを修正しなければならなくなるだろう。

ある人生のステージでは意味をなしたことが、その後のステージでは意味をなさなくなることがある。ハリー・ポッターが友人のハーマイオニーに言ったとおりだ。

「今まで計画してうまくいった？　結局途中でだめになる（『ハリー・ポッターと死の秘宝　PART2』）」

日々移り変わる仕事。突然のハプニング。転職。ひたひたと忍び寄る退職。本書で提起した問題は、今考える価値があるだけでなく、この先何度も検討する価値があるはずだ。

わたしは本書で「成功の授業」で実際に使っている演習や評価指標をご紹介したい。これらは広く研究されている心理学的原理、宗教や文学、哲学から導かれた洞察を元にして、学生や経営者たちと共に試行錯誤して作り上げたものだ。

成功はけっして単純なものではない。そこには常に目に見えない仮定と交換条件が存在するからだ。成功に対する固定概念は、家族によって増幅され、〝自動操縦装置〟のように、あなたの舵を取っている。たとえあなたがそういう影響をほとんど自覚していないとしても。

本書の演習は、そうした見えない固定概念から、あなた自身を解放するのに役立つはずだ。

本書の構成

ここで本書の構成を整理しよう。

第Ⅰ部は4つの章を通して、第1の質問〝成功とは何か？〟の答えを探していく。

第1章は、「あなた自身の人生を選ぶ」ことがテーマだ。

この章では、まず、わたしが〝「6つの人生」の演習〟と呼ぶ自己診断ツールを用いて、あなたは今現在どんな人生を考えているのかを、ありのままに捉えられるようにする。

もし選べるものなら、あなたは「幸せを追求する人生」と「大きな達成を狙う人生」どちらを生きるだろうか？　両方を目指すと言うのは簡単だが、人生には交換条件《トレードオフ》がつきものだ。この章では、あなたが今、どちらを重要視しているかがはっきりするはずだ。

第2章では、第1の質問に対する最も単純な回答「幸せ」について考える。

誰でも構わない。明日会う人に、〝あなたにとっての成功は？〟と聞いてみるといい。たいがい、この単純な答えが返ってくるだろう。「幸せになることだよ」と。

しかし〝あなたにとっての幸せは？〟と聞くと、みんな答えに詰まる。ある人にとってそれは「家族」であり、別のある人にとっては「楽しむこと」であり、またごく一部の人にとっては「神の意志に従うこと」であったりする。

マーティン・セリグマンのポジティブ心理学の台頭により、ここ数十年で一気に幸福研究が進歩した。それらの研究成果を学ぶことで、あなたはこの極めて重要で、とらえ所のない「幸せ」という言葉が何を意味するのか、解き明かすことができるだろう。


第3章は、あなたを取り巻く家族や文化が、あなたの考えに、どのような影響を与えているかを検討する。

あなたは家族から〝医者になりなさい〟とか〝弁護士になりなさい〟と命令されたことはあるだろうか。そんな経験はなくても、〝○○になってくれたらなあ〟という期待を感じたことはあるのではないだろうか。それはつまりどういうことだろうか？

現代の文化は、例の質問「成功とは何か？」に対して2つの答えを提示している。「名声と富」だ。メディアが浸透した現代において、この2つが成功の指標とされがちな理由についても詳しく見ていこう。

「わたしは名声にも富にも魅力を感じない」という人も、この章を読めば、自分の成功の価値感も実は社会の影響を受けているのだということが、分かるようになるだろう。

第4章では、成功と仕事の関係に焦点を合わせる。

実は、ひとことで仕事と言っても、その捉え方には3種類ある。「労働」「キャリア」、そしてそのどちらも超越した「やりがいのある仕事」の3つだ。

そして、仕事のやりがいは「仕事そのもの」ではなく、「その仕事をする人」に根ざしていることが研究で分かっている。つまり、それがやりがいのある仕事になるどうかは、その人次第なのだ。

例えばあなたの知り合いの中には、看護師やソーシャル・ワーカー、教師といった、傍目からはやりがいがあると思われている職業に携わっている人がいるかもしれない。しかし彼らに仕事のやりがいについて尋ねてみると、自分のやっていることは給料稼ぎにすぎない、という答えが返ってくることも多いはずだ。

第1部の4つの章を通じて、あなたはあなた自身の〝成功とは何か？〟という答えを出すことになる。その答えを前提にして、本書の後半では、第2の大きな質問〝どうやって成功するか？〟について考えていこう。

第II部の5つの章の目的は、成功への旅に持ち込む〝武器〟を手に入れることだ。

第5章はあなた独自の〝素質〟に着目する。

あなたにしかない能力、情熱、スキルを探っていこう。そのための性格診断テストに取り組んで、あなたの強みを発見しよう。

成功の研究をしていて最も皮肉に思うことは、成功の秘訣は、はるかかなたの簡単には見つからない場所にあると思っている人がたくさんいることだ。

真実はもっとずっとシンプルだ。答えはあなた自身の中にある。あなたがするべきことは、「自分の持って生まれた能力を発見すること」なのだ。

第6章では、成功へのエンジンを動かすエネルギー〝モチベーション〟について吟味する。

人はみな思い思いのエネルギーで走っているが、「内発的な満足感」と「外発的な報酬」の両方のモチベーションがある人は、そうでない人に比べ、1つの課題により長く取り組み、より強い達成感を得られる。この章を読めば、あなたが今まで気づかなかった新たなエネルギー源が見つかるかもしれない。

第7章は、成功を左右する重要な要素〝自信〟について検討する。

同時に、達成に欠かせない要素〝失敗〟の役割を見るとともに、あなたが〝リスクを受け入れられる心〟つまり研究が示すところの〝成功を後押しする心〟の持ち主かを検証する。

ノーマン・ヴィンセント・ピールによって書かれた『積極的考え方の力』は「自分自身を信じよう」という熱い言葉で始まるが、この章では、どうしたらあなたが人生でそのような信念を持てるようになるのかが理解できるだろう。あなたはここで自信の源を見つけられるはずだ。

第8章で扱うのは、成功の分野の中でもわたしが特に好きなテーマ、ものごとを達成するのに役立つ〝精神を集中させる力〟だ。

残念ながら、世の中にはこの話題に関連するまゆつばもののテクニックが出回っている。

本書ではチャールズ・リンドバーグの輝かしい〝実話〟に基づいて話を進める。彼がちっぽけな飛行機・セントルイス号で大西洋横断という歴史的フライトを達成する経緯を読みながら、4つの本物の精神的な力（情熱・想像力・直感・理性）が協調して最大の目標を達成させるプロセスを追っていこう。

第9章では第Ⅱ部の仕上げとして、対人スキルが成功にどのように影響するかを探る。

わたしのもう1つの専門は、説得と交渉術だが、それについてわたしはある自説を持っている。社会生活で何よりも重要なものは「信頼性によって人を動かす能力」と「対話の技術」だ。

人間関係においては、自分に正直に等身大に振る舞っているという感覚を保ちつつ、様々な人や性格と協力するために必要な調整をしなくてはならない。それが人間関係における課題だ。

また、この章では人の印象を決めるプロセスを科学的に検証するとともに、人の信頼と協力を勝ち取るための実践的なステップを学んでいく。

最後に、本書の結びに当たる「それぞれの道へ」では、「成功の授業」を通して学んだテーマを振り返り、あなたが得たであろう教訓をおさらいする。


この先のページで、あなたは実に多くの人々のエピソードを読むことになる。有名人もいるが、多くは世間的には無名の人たちだ。彼らは自分の物語を持っている。いかにして自分自身の成功を達成したのかという物語を。

しかしそれがどんなに感動的な物語だったとしても、彼らは誰一人として、本書の主人公ではない。主人公はあなただ。

アップルの共同設立者スティーブ・ジョブズは、2005年、スタンフォード大学の卒業式で有名なスピーチをし、次のように言った。

あなたの時間は限られています。ですから他の誰かの人生を生きることでそれを無駄にしてはいけません。

人の意見の雑音で自分の心の声をかき消されてはいけません。一番重要なのは、自分の心と直感に従う勇気を持つことです。あなたの心と直感は、あなたが本当は何になりたいのかをすでに知っているのです。

この本をきっかけに、あなたが自分の心の声をもっとはっきり聞けるようになり、次にやるべきことを見つけられることを願っている。人生が本当におもしろくなるのはそれからだからだ。

では、さっそく取り掛かるとしよう。

第Ⅰ部

◉

第1の大きな質問「成功とは何か？」

前半の4つの章では、あなたに1つのチャンスをさしあげたい。今現在、成功についで抱いている自分自身の思い込みに気づき、新たな成功の定義を見つけるチャンスを。

あなたは愕然とするだろう。自分の成功の定義は、実は家族や友達、マスメディアに決められていたのか、と。

しかし、自分の考えの由来が認識できれば、それを見直すこともできるようになる。これまでの考えを受け入れるもよし、拒否するもよし。複数の考えを融合させて、新たに人生に取り組むのもいいだろう。それはあなた次第だ。

ここから先は「成功とは何か?」という問いに対する、4つの回答例を検証していく。その4つとは、人生の選択、幸福、名声や富、やりがいのある仕事だ。

すべてを手に入れたいと思うかもしれないが、交換条件《トレードオフ》を求められるのが、人生の通例。あなたが優先するものは何だろうか?

第1章

成功とは「自分らしい人生」を選ぶこと

自分に耳をすませば、誰しも気づく。
自分の中に、自分を支配する独自のパターンがあることに。

——ミシェル・ド・モンテーニュ

わたしがエリック・アドラーに出会ったのは、彼がウォートン・スクールMBA課程の1年生のときのことだった。彼は、予習を欠かさず、頭の回転が速く、良い質問をたくさんする。まさに教師の誰からも好かれる生徒の典型だった。

ある日、アドラーがわたしの執務室を訪ねてきた。彼が授業中に提起した質問について話し合いたいと言う。しかし、ほどなくその会話は、もっと深刻で個人的な話題に変わっていった。「自分が何をしたいのか、いまだに分からないんです」そうエリックは打ち明けた。「勉強するのは好きですけど、それが自分の将来にどうつながるのか、見えてこないんです」

ビジネス・スクールに通う生徒は2種類いる。

圧倒的大多数は「金融アナリストタイプ」。大学で経済学や数学、工学を勉強し、最初の就職先はビジネス関連の業界だった、という生徒たちだ。

彼らは、自分の求めるものがよく分かっている。大口の取引、巨額の投資、世界有数の大企業に経営戦略コンサルタントとして助言することで得られる高揚感だ。こうした生徒たちの、グローバルビジネス界に対する情熱を、わたしは尊敬する。

もう1種類は、教師たちが「詩人タイプ」と呼ぶグループだ。彼らの経歴は多岐にわたる。元プロスポーツ選手、退役軍人、報道記者。彼らにとってビジネス・スクールは、新しいチャンスをつかむためのステップだ。

「詩人」たちにとって、統計学や会計学の授業は厳しいものがある。彼らは金融アナリストたちと競い合わなければいけないわけだが、そういった科目は、金融アナリストなら本を開かずとも習得できてしまうからである。

エリックは「詩人タイプ」だ。全米屈指のリベラル・アーツ・カレッジのスワースモア大学を卒業し、とある高名な私立高校で8年間、教員をしていた。

エリックはもっと〝エッジの効いた何か〟を探していた。競争が激しく、1分1秒がエネルギーに満ちているような何かを。ビジネス・スクールに入学すれば、次にやるべきことを見つけられるだろう――そう期待してウォートンに入学してきたのだ。

「君の教職の経験と、ここで学んだビジネスの知識を結びつけてみたらいいんじゃないかな？」と、わたしは提案した。彼はうなずきはしたものの、腑に落ちていない様子だった。

「前の道には戻りたくないんです」とエリックは言った。「ぼくは変化を求めてるんです」

今だから言えるが、エリックがMBA課程を消化していくにつれ、わたしは心配になっていった。ビジネス・スクールでは、ステータスの高い職業は何かという問いに対して、ほぼ全員の答えが一致する。〝テクノロジー&ファイナンス&コンサルティング〟だ。

はじめのうちは内心疑いを抱いている者たちでさえ、あっという間にその渦に飲み込まれてしまう。エリックも、その渦に無防備にさらされた。そして、そう時間が経たないうちに屈してしまった。

2年目が始まって間もない頃のことだった。エリックがわたしの執務室を訪れこう告げた。

「何がやりたいのか分かりました。コンサルタントになりたいんです！」

わたしは心の中で「それでいいのだろうか」と思ったが、言葉には出さなかった。「良かったじゃないか、幸運を祈っているよ」と返したのだった。

数カ月後、エリックはワシントンでコンサルティングの仕事を得た。しかし、卒業直前に会ったエリックは二の足を踏んでいる様子だった。第1志望の企業ではなかったからだ。

「自分でもよく分かっているんです。この先ずっと働いていきたい会社じゃないって」と彼は言った。「でも今は、これがぼくのやるべきことなんです」

多くの場合、話はこれで終わりになるはずだ。そして、10年後、20年後の同窓会で再会したエリックに「あれからどうなったんだい」などと尋ねていたのかもしれない。しかしエリックの場合、話はそれで終わらなかった。

エリックが卒業して1年と経っていない頃だった。たまたまウォートンの会議室で、エリックが就職したコンサルティング会社の女性に会ったため、彼の近況を尋ねてみた。

女性は気まずそうな顔をした。「エリックはコンサルタント向きではなかったものですから……」と彼女は言った。「もううちにはおりません」今エリックが何をしているか分からないという。心が沈んだ。

しかしその後間もなく、エリックの人生は予想よりおもしろいことになっていると分かった。彼は自分がコンサルタント業に向いていないことに、会社よりずっと早く気づいたのである。

彼が最初に担当したプロジェクトは、企業へ経費削減案を提案するというものだった。膨大な時間をかけ、綿密な分析を重ねたそのプロジェクトは最終的に、次のような提案で幕を閉じた。

「顧客宛の請求書を片面印刷から両面印刷に変えるようお勧めします」

自分が大学院にまで行ったのは、そんな仕事をするためではない。さっさと手を引くべきだ。そう考えたエリックは、真の情熱と興味を探すプロセスに引き返していたのだった。

この章の扉に引用した、フランスの哲学者ミシェル・ド・モンテーニュの言葉のように、自分に耳をすませば、「自分を支配する独自のパターン」が見つかる。エリックがしたのはまさにそれだった。彼はまずこう自覚した。自分の上司は自分でありたい。そして何かを作りたい。重要で、しかも自分にしかない才能と知識の組み合わせが生かせる何かを。

「ぼくだからこそ始められることとは何だろう?」と彼は自問した。

彼の両親は2人とも起業家だった。立ち上げた会社を成功させて売却し、その後また別の会社を始めていた。普段の生活で、あるいは夕飯どきに、起業家精神やリスク管理について話すのは、彼の家庭では普通のことだった。

かつてのエリックは、やりたいことが見つからないという悩みを「どこで働くべきか？」という疑問にすりかえてしまっていた。しかし、「ぼくだからこそ始められることとは何だろう？」と問いかけたことで、自分が最も精通している分野である〝教育〟についてのアイデアが、頭の中を飛び交い始めたのだ。

彼は高校教師としての経験を振り返りながら、昔不可解に思っていたことを思い起こした。貧困地区出身の生徒たちは、せっかく奨学金を受けて私立のエリート校に入っても、周りについていくのに苦労することが実に多い。なぜだろう？

それは学習習慣と、支えとなる人間関係が欠けているからだ。もっと裕福な生徒たちなら、両方とも家庭で当たり前のように与えられるものである。

この問題を解決するため、エリックはある突飛なアイデアを検討し始めた。〝全寮制公立学校〟だ。それなら彼らに欠けた要素を与えてやれるのではないか。初の試みになるが、きっと、集中して勉強できる環境と、目標に向けて勉強に打ち込む仲間を与えてやれるはずだ。

エリックはいつしかこんな学校を思い描いていた——年中無休、厳しいカリキュラム、全力を尽くして、優秀であろうとする教職員たち。教職員が一丸となって目指す目標は、落ちこぼれかけた若者も適切な環境を与えられれば成功できると世界に証明すること。

そのうちエリックは、話を聞いてくれる人を片っ端からつかまえては、自分の夢を語るようになった。すると、あと数週間でコンサルティング会社をやめるという頃、社員の1人に、こう提案された。プリンストン大学卒のラジーヴ・ヴィナコタという名の青年に会ってみたらどうか、と。どうやらラジーヴは彼に、エリックとそっくりのコンセプトを語ったらしい。

エリックとラジーヴはすぐに、ファストフード店で落ち合い、人生を変えることになる3時間の夕食を共にした。その場ですぐに、2人は手を組むことを決めた。

それから2カ月も経たないうちに、彼らは本格的な企画書を書き上げた。1年半で200万ドル（2億円）の資金を集め、ワシントンの古いビルをリフォーム。40人の6年生を受け入れた。入学生は、ワシントンで最も家計が厳しい地域のこどもを対象に、抽選で決められた。

こうして、教育の改革および発展を目指す学校〝SEED（School for Educational Evolution and Development）〟の1校目が誕生した。できるだけ多くの貧困地区の生徒を大学に進学させるという明確な目標を掲げ、1学年あたりおよそ50人、6～12年生の生徒を抱える規模に成長することを目指していく。

その後のことは広く知られている。

2002年、エリックとラジーヴはオプラ・ウィンフリー司会のテレビ番組で、ユーズ・ユア・ライフ・アワードを受賞。その後ABCテレビの報道番組『ナイトライン』、CBSテレビのドキュメンタリー番組『シックスティー・ミニッツ』に立て続けに出演し、他の地区でもSEEDを次々と開校させた。

何より画期的だったことは、必要な学習面、精神面の環境を整えてやれば、劇的に異なる教育結果を出せることを、2人の作り上げたモデル校が証明したことだ。

2010年、SEEDの卒業生は、みな高校の卒業率がたった33%という貧困地区の出身にもかかわらず、1人残らず大学に合格した。生徒たちのその後の展望は極めて明るい。大学に進学したSEEDの生徒のうち、70%近くが卒業までたどり着いている。この卒業率は、生徒たちの出身である貧困地区の公立高校に比べ、6倍も高い。

エリックは、SEEDのコンセプトを見つけるために、人生を2年も費やしてMBAを取る必要があったのだろうか？　その必要はなかったのかもしれない。ただ彼は「ぼくだからこそ始められることとは何だろう？」と自問してみて気づいたのだ。自分がすでに、その問いに答える一そろいの強力な素質を備えていることに。そして、教育経験とウォートンで学んだビジネスの知識を組み合わせた。

SEEDワシントンキャンパスを完成させるためには、1400万ドル（14億円）の資金を集める必要があった。それも、エリックの知識、技能、信用、経験があったからこそ、投資家を惹き付けて取引を成立させられたのである。

彼と初めて執務室で会ったときにわたしが望んだ通り、エリックは自分が持つものを組み合わせて「やりがいのある仕事」を見つけた。そして、自分の知識とスキルすべてを十分に活用し、信じる目標を推し進めているのだ。

◉成功の4つのセオリー

エリックの話には、わたしたちがこの本で探ろうとしている、成功に関する4つの重要なセオリーが現れている。この4つのセオリーを念頭において、この先のページに飛び込んでほしい。

セオリー1　成功には試行錯誤が必要だ

机上で考えてばかりではいけない。リスクを負って、挑戦し、試さなくてはだめだ。

突然ひらめくこともあるかもしれない。エリックが「コンサルタントになりたいんです！」と突然言い出したように。後々、それは間違ったサインだったと気づくことになるのだが、それでもやはり、勇気を振り絞って新しい道に挑戦する必要がある。そして、自分に合わないと分かったら、また探すプロセスに引き返すのだ。

昔ながらのサクセス・ストーリーの主人公は、最初からやりたいことが分かっている。そしてそれを達成するために、とてつもない逆境の数々を克服する。

しかしこれは主人公が、先の見えない〝目標探し〟を経験した後の話なのだ。ほとんどの人にとっては、逆境の克服よりも、やりたいことを見つけることの方が難しいのである。

セオリー2　成功の価値観はあなたの中にある

目標は、どこからともなく現れるものではない。まず最初に、あなたは自分を取り巻く文化や家族に〝押し付けられた〟成功の価値観に気づかなくてはならない。

18世紀の哲学者ジャン・ジャック・ルソーが言ったように、個人が人生において「良いこと、望ましいこと」を判断する際に、最初に手がかりとするのは、その個人の属する文化が何を良しとし、何を望ましいとするか、ということだからである。

良くも悪くも、たいていの人は、人から良く思ってもらえるようなことを達成しようとするものだが、自分自身の成功の定義を明確にするためには、そうした前提から抜け出して、自分の内面を見つめ、自分自身が心から尊重するものを発見しなければならない。そうすることではじめて、自分の人生を築く軸となる価値観を確立できる。

セオリー3　成功とは仕事だけのことではない

あなたはエリックの話が仕事中心に語られていたことに気づいているかもしれない。しかし、本書に〝仕事限定〟という前提は一切ない。成功は多面性のある概念で、仕事に限られた概念ではないのだ。

この先、〝「6つの人生」の演習〟で、あなたの成功の価値観を検証する。これを行うと、内面的な成功と、対外的な成功のバランスの取り方を考えられるようになる。さらに、自分自身のモチベーションを理解することにもつながるはずだ。

セオリー4 成功とは旅である

成功は、終点という一地点を指すものではない。それは旅路だ。途中下車、立ち寄りスポット、キャンプ場……、様々な場所で降りて楽しみ、また先に進む。

人生では、成功の道を見つけるチャンスが様々なステージで訪れる。エリックは高校教師の仕事が好きだったが、それでも〝先に進むときだ〟と感じる日がやって来た。彼は今、SEDの仕事を楽しんでいて、やめるつもりはないが、その考えも変わるときが来るかもしれない。

学び、成長し、成熟していく過程で、20代、30代の頃に興味をそそられたものが、40代、50代にはおもしろくなくなることがある。それはあなたに新しい素質が備わったということだ。自分の能力と経験の組み合わせが変わることで、新しいチャンスが生まれる。そのとき、新しい道が浮かび上がってくるのだ。

以下の節で、あなたは成功の旅路の第一歩を踏み出すことになる。まず、自分の成功の価値感を知ることから始めよう。

Self check

成功の価値観のセルフチェック

「6つの人生」の演習

この自己診断ではあなたの価値観を診断する。「あなたにとっての成功とは何か?」を調べることで、この先の全てのテーマがより詳細に検討できるはずだ。やり方は以下の通り。

1　次の6名の経歴にざっと目を通す。
2　再び最初から、よく考えながら読む。
3　順位をつける。最も「成功した」と思われる人物から順に1から6の番号を振る。

教師……………あなたにとっての順位→◯**位**

パトリシア・ケリーは物理学の教師で、女子ラクロスチームのヘッドコーチでもある。勤務先は田舎の高校。夫は彼の家族が30年前に立ち上げた小売店チェーンを経営している。

この10年間で、パトリシアは科学オリンピックのチームを地区予選の決勝戦に3回、全国大会に1回導いている。また、彼女の指導で、たくさんの生徒が国内屈指の科学系大学に入学している。

パトリシアには娘が2人いる。1人は人工知能の博士号を取り、ハイテク企業で働いている。もう1人は高校で壁にぶつかり、卒業することなく、現在は離れた街で暮らしている。何度連絡を取ろうとしても、拒絶されてしまっている。

銀行員……………あなたにとっての順位→◯**位**

ジェーン・ルールは大都市のグローバル銀行一筋で働いてきた。出世街道を歩んで地域の副頭取になり、今は富裕層の顧客の財産を管理している。

彼女はマラソンもプロ顔負けだ。シングルマザーで、重度の学習障害と身体障害を抱えるジュリーという娘がいる。友達や親族に、ジェーン自身のためにもジュリーを施設に入れた方がいいと勧められてはいるが、ジェーンは「ジュリーはわたしの生きがいなの。誰かに世話を任せたいとは絶対に思わない」と答えている。

これまでジェーンは学習障害の研究資金を集めてきた。昨年は、ニューヨークシティーマラソンで、特別仕様の車いすにジュリーを乗せて走り、2万5000ドル（250万円）以上を集めている。その功績は、国際的ニュース番組で放送された。

ここ数年、数人の男性と付き合ったが、結婚というものを信用したことはない。原因の一端は、両親にある。2人の関係は幸せとは言えなかった。

裕福な投資家……………あなたにとっての順位→◯位

ピーター・テイラーは未公開株式の投資家だ。一度結婚したが4年で離婚、その後は独身で過ごし、ロンドン、ニューヨーク、バミューダ諸島の3つの自宅を行き来している。

初めて大金を稼いだのは、インターネット関連の新興企業を立ち上げ段階から指導し、その後ライバル企業に売却したときだった。24万ドル（2400万円）の投資が、5000万ドル（50億円）に化けて返ってきたのである。

それからは、何もかも好調だ。一流ビジネス誌が最近、ピーターを表紙にし、彼の特集を組んだ。記事では、ピーターが自身も認める徹底した自由主義者であることが明かされていた。記事の中で、彼はこう言っている。「大きな賭けをしたり、それで利益が出るのを見たりする、ワクワク感がたまらないんです」と。

仕事以外に情熱を燃やしていることは、遠方のパーティーに参加することと(「仕事も遊びも一生懸命やるのが好きなんですよ」)、ハンググライダー(「自由な気分になれます」)。彼のもとには、世界中から政治家が相談にやって来る。世界経済について意見を聞かせてほしいというのだ。彼は保守的な政治主張のためなら、気前よく寄付をする。

石工……………あなたにとっての順位→〇**位**

フレッド・ハンプシャーは、生涯を大都市の近郊で、石工として過ごしてきた。学生の頃歴史的建造物の設計をひたむきに学び、妻メアリーと結婚。結婚して52年、3人のこども(法律家、銀行員、主婦)と、7人の孫がいる。

「同じ石は、1つもないんですよ」と、彼は新聞記者に話したことがある。「この仕事では、作り始めた初日から、それが完成していく姿を見ることができます。何年か経ってまたそこに行けば、わたしの作品が残っていて、それを見ることができるんです。れんがや石を積んで過ごす1日は、いいものです。大変な仕事ですが、1つ1つの石をしかるべき所に押し込むのに夢中になっていると、いつのまにか1日が終わっています」

確かにときにはお金が問題になることもある、とハンプシャーは認めるが、3人のこどもたちそれぞれの家を建てるのに貢献できた、と誇らしげに語っている。

プロテニスプレイヤー……………あなたにとっての順位→◯位

ジャニス・チャンはプロのテニスプレイヤーだ。プロプレイヤーとして4つのメジャー大会を制覇。過去10年間に7度、賞金王ランキング上位15位に入った。

彼女はテニス中心の人生を歩んできた。父とテニスを始めたのは5歳のとき。父の言いつけで休みなく練習を続け、父の教えた技術を完璧にマスターしてみせた。数年前には、チャン・テニス協会を発足させた。貧しい都市の近郊に住む若い女性に、テニス指導と「生活技能訓練」を無償で提供する組織だ。

ジャニスは不動産開発業者と結婚した。こどもに恵まれなかったため、3人の韓国人のこどもを養子に迎えた。今こどもたちはそれぞれ2歳、6歳、7歳である。

「テニス中心の生活は大変です」と、ジャニスは最近あるテニス雑誌に話している。「こどもと話す時間が思うようには取れません」

非営利組織の重役……………あなたにとっての順位→◯位

ビル・ポールソンはかつては投資アドバイザーだった。裕福な家庭相手に、大都市で活動し、複雑な遺産管理を安心して任せられると起業家たちに評判で、業績を表彰されたこともある。児童発育カウンセラーである妻のテリーと結婚して20年、4人のこどもがいる。

5年前、ビルは仕事をやめ、給料が大幅に減るのを承知で、急成長中の非営利組織のトップ管理職になった。南アフリカ出身のカリスマ的宗教指導者が設立した組織だ。

「神のお告げが聞こえたんです」とビルは地元紙に答えている。「その声に従いました」

ビルの役割は、組織の「国際的使命」を遂行するため、アフリカの農村で清潔な上水道を確保できるよう支援することだった。この仕事に資金を出すため、ビルは共同基金の設立に助力した。彼の投資能力により、これまでに集まった資金の評価額は、倍になっている。

一家は、次の2年を休暇に当ててアフリカの貧しい国に行き、農村地域に住んで働く計画を立てている。そこでは共同出資した水道事業の1つを稼働させるつもりだ。

ビルとテリーの、8~16歳のこどもたち4人は、全員がアフリカ行きに強く反対している。しかしビルとテリーは家族全員を連れて行くと固く決心している。

〝「6つの人生」の演習〟に見る成功の2つの側面

授業やセミナーで〝「6つの人生」の演習〟を行うと、ある興味深いパターンが浮かび上がってくる。どの人生にも、「最も成功した」という票と「最も成功しなかった」という票の両方が、何票ずつか入るのだ。そしてもう1つ、ある特定の人生が1位か2位の票を獲得することが多い。それは、石工の人生だ。

〝「6つの人生」の演習〟に登場する人は、それぞれ内面的な充足感を主張している。しかし同時に、彼らの人生にはたいてい何かが欠けている。裕福な投資家には家族がいない。プロテニスプレイヤーは、こどもたちと十分に触れ合えない。教師は、こどもの1人に口をきいてもらえない。銀行員は障害のあるこどもにかかりきりで、他者と長期的な関係を築けない。非営利組織の重役は、こどもたちに反抗されている。

このように、彼らの主張する内面的な充足感には穴がある。それに対し、石工はすべて満たされているように見える。彼は52年間、良好な夫婦関係を保っている。すでに自立した3人のこどもたちと7人の孫も近くに住んでいるようだ。

さらに彼は、自分の仕事に心からやりがいを感じている。仕事を自分でコントロールし、日々労働の成果を目にできる。「大変な仕事ですが、1つ1つの石をしかるべき所に押し込むのに夢中になっていると、いつのまにか1日が終わっています」と彼が言っているように。石工の人生は、もうほとんど〝禅〟の領域にたどり着いている。

石工の人生を1位か2位に挙げた人は、成功の「内面的な」側面を基準に、順位を付けている。この考え方には、良い面がたくさんある。仕事から、喜びや満足感を得られない人を「成功者」とは定義しにくい。それに、喜びや満足感といったポジティブな内面的感情は、能力を発揮することにつながる。この事実は、幸福に関する幅広い研究により裏付けられている。

しかし、だ。成功にはもう1つ「対外的な」観点が存在する。それは、「認められたい、尊敬されたい」という願望を満たすことだ。その願望は、わたしたちの日々の行動と判断を突き動かしている。内面的な幸せを望む気持ちより、ずっと影響力が強い。

この観点から見ると、石工の人生は、他の5人の人生にあるものが欠けている。社会や周囲から認められるような、目立った成果がないのだ。

その他の登場人物はみな、広く社会から注目されるようなことを成し遂げている。それに対し石工は、『ニューヨーク・タイムズ』紙どころか『石工マガジン』にすら出ていない。その上、ときにはお金に困ることもあると認めているのだ。

石工を6つの人生の最下位近くにランク付けした人は、人生の成功を判断する基準として、対外的な視点である〝達成〟を重視したわけだ。注目に値することを成し遂げて認められるというのは、間違いなく気分がいいものだ。

〝わたしは内面的な充足感を求めている〟と公言していても、誰だって、称賛されればそれなりに嬉しいのである。第6章で見るように、社会的に認められると、いい気分になる化学物質が脳から放出される。これはわたしが直に見たことだが、仏教寺院の僧でさえ、悟りに達していない者たちには、勝ち組になりたいという意識がある。僧だって、禅師になって同僚を打ち負かしたいと思うのだ。

だから、今一度、自分のランク付けを振り返ってみてほしい。行動を決めるとき、実際にあなたを突き動かすのはどんな価値観や目標なのか、特定できただろうか？

解説

〝「6つの人生」の演習〟で分かるあなたのモチベーション

「6つの人生」のそれぞれの根本にあるモチベーションについて解説しよう。あなたの順位には「何があなたのモチベーションとなるのか」が表れているはずだ。

順位付けのときに聞こえたであろう、あなた自身の「内なる声」も忘れないでほしい。何か聞こえてきたなら、それは伝えようとしているのだ。あなたが人生をどういう方向に進めていきたいのかを。そして、あなたにとって、本当の成功とは何なのかを。

教師：組織の力を引き出す

チームを率い、高い水準の成功を成し遂げるために貢献する人生。チームが目標を達成し、チームが認められることで成功を認識する。人の才能と能力を開発し、その人が成功することに、やりがいを感じる。

銀行員：忠誠と献身

特定の人や組織に対する、責任感、忠誠心、個人的思い入れが強い。その絆を維持し、育むことで、成功する。相手は、親しい友達、血縁者、仕事仲間であることもある。

裕福な投資家：影響力、華やかさ、自由と変化

いちかばちかの勝負や、世間の目を引く課題に取り組む人生。事業を成功させたり、個人のスキル、戦略的見識、競争力を発揮することで、成功する。楽しいもの、多様性のあるもの、刺激的なものを最優先する。

石工：職人的技術、家族

内発的動機だけで、十分なやりがいを感じられる。ものを作ること、目の前の課題を全力で完成させること、家族に尽くすことで、成功を判断する。他人から認められることや富は重視しない。

プロテニスプレイヤー：個人の力を磨く

決められた職業において、たゆまず訓練し、努力する人生。人に認められるような個人的目標を達成できれば、成功と判断する。

非営利団体の重役：意義ある使命を成し遂げる

自分の核となる信念と価値観を、仕事で体現する。より高度な理念のために全力を尽くすことで成功する。

もう1つ、考えてほしいことがある。

あなたには、こどもが1人いる（かつ1人しかいない）。そして、その子が生きる人生を、6つの人生の中から1つ選ばなければならない。

さあ、選んでみてほしい。たった1人きりのこどもにどの人生を授けたいだろう？

答えを決めるのに、前とは違う尺度が加わったのではないだろうか? 経営者たちに、この方法で選んでもらうと、3分の1近くの人が、1位の人生を変える。

あなたは、こどもにとって最良のものしか欲しくないはずだ。そして「最良のもの」のイメージは、たいてい3つの要素の絶妙なバランスで決まる。

- 生きていくために必要なこと

- 理想の人生

- あなたが本当におもしろく、生産的だと思うこと

たった1人のこどものために選んだものが何であれ、あなたはすでに無意識にそこに向かって進んでいるかもしれない。なぜならそれは、あなたの理想だけでなく、現実をも反映した人生を表しているからだ。

その人生で、あなたは本当に満足だろうか?

もっと良い人生にするために、やるべきことがあるのではないだろうか?

こう聞くのには理由がある。あなたは、今までに話したどのストーリーにも縛られることはない。現在の生活がどんなものであれ、明日から新しいストーリーを描き始めることができる。

あなたには、その力がある。

最後に

最後に、もう少しだけエリック・アドラーの話をしたいと思う。

まず、彼は幸せな結婚をした。奥さんは医師で、こどもが2人、犬が3匹いる。内面的な観点で彼が成功したかどうかを判断するには、この家族の存在がヒントになるだろう。

〝6つの人生〟というレンズで彼のモチベーションを見ると、彼の人生には、教師、石工、非営利団体の重役の3人のモチベーションが表れているようだ。彼は人生の過程で、組織の力を引き出す能力を身に付けた。一方、仕事の細部に目を配る様子は、職人的でもある。さらに、社会的意義ある使命に応えてもいる。

実は、彼の私生活には大きな試練があった。SEEDの1校目を始めた数年後、膵臓がんであることが判明したのだ。長期生存率5％未満という致命的な病気である。

「すぐに仕事を休みました」とアドラーは言った。その後の手術と過酷な化学療法、放射線療法で、体重は25キロ減った。エリックは幸運にも、膵臓がんとの闘いに勝った。後遺症で深刻な健康問題に次々と襲われてはいるが、10年以上再発していない。「病気との闘いで命のありがたさ、人とのつながりの大切さを、あらためてより強く感じました」と彼は教えてくれた。

もしいつかSEEDを退いたら、何をするか聞いてみた。「何か新しい、起業家的なことですかね」と彼は答えた。「ＳＥＥＤの仕事は、それがあるから好きなんです」

彼は、初めてわたしの法律の授業を受けたときのことにも触れた。あの頃からずっと法律に興味があるんです、と彼は言った。「もしＳＥＥＤをやめたら法科大学院《ロー・スクール》に行って、その知識でどんなことをやれるか、探ってみるのもいいかな」

あなたを取り巻く文化は、たとえ出身校の文化といった小さなものでさえも、あなたの目標に重力場のように作用する。そのせいで、自分の価値観に沿った道を選ぶことが難しくなる。

エリック・アドラーの話では、この捉え難い作用がどう働くか見ることができた。彼は最初、ビジネススクールの文化の影響を受けて「やるべきこと」だと思った仕事に引きずり込まれた。しかし満たされない気持ちに正直になることで、常に自分に警告を与え、動き続けた。

彼は「自分が人よりうまくできることは何なのか」という質問に立ち返った。そこでやっと、自分が引いている起業家の血と、教育に対する情熱を思い出す。そこから一気に、ＳＥＥＤのアイデアにたどり着いたのだった。

〝「6つの人生」の演習〟で、あなたは「自分の人生」を選んだ。これはつまり、あなた独自の成功の価値観を明確にし、「どれを人生の次のステージに取り入れるか選ぶ」というプロセスを開始したのである。あなたは今、深い所へ飛び込める状態になっている。

第1章のポイント

成功の2つの側面のバランスを見つけよう

成功を、主に「対外的な達成度」で判断する人と、主に「内面的な満足感・充足感」で判断する人がいる。その2つの自分なりのバランスを見つけよう。

質問1：あなたは今、内面的側面と対外的側面のバランスを調整する必要はないだろうか？

質問2：その調整のために、短期的にできることは何だろう？　具体例を挙げてみよう。

質問3：適切なバランスを維持するのに役立つ長期目標は？

質問4：最後に自分に問いかけてみよう。
「今、それに取り掛かるのを、妨げているものは何だろうか？」

第2章

成功とは「幸せ」になること

自分の幸福以外の目的を追求する者だけが、幸福である

――ジョン・スチュアート・ミル

何年か前のことだ。ウォートン・スクールで行われた「所得と幸福」の研究セミナーに、初老の男性が現れた。彼は少し遅れて入ってきた。すでにプレゼンテーションは始まっている。男性は、わたしの隣に腰を下ろした。たこのある、荒れた手をしていた。

発表者はパワーポイントでプレゼンを進めている。テーマは、〝所得水準が主観的幸福度調査の統計値にどう関係しているか〟。

その間、男性は静かに座っていた。発表者がプレゼンを締めくくり、質問があればどうぞ、と言うと、あの男性が手をあげた。

「わたしはしがない一般市民です」彼はゆっくりと言った。「だから、学問的な知識はありません。でも、あなたが〝幸福〟という言葉を使うと、どうも混乱してしまうんです。あなたが所得について話したことと〝幸福〟に、どんな関係があるんです？　わたしが思うに、幸福の意味はたった3つ。健康、やりがいのある仕事、愛。それさえあれば幸せですよ」

部屋中がしんと静まり返った。数秒後、発表者はこの男性の意見に感謝の言葉を述べて、別の質問に答え始めた。初老の男性はドアからそっと出ていった。それ以来、彼を見たことはない。

わたしはときどき、この男性は〝知の天使〟だったのだ、と思うことがある。わたしたちに本当に大切なことを伝えるため、遣わされたのだ。彼の意見はわたしに、いつまでも消えない強烈な印象を残した。わたしはその年、ウォートン・スクールの卒業式で彼の話をした。

この章で見ていくように、お金と幸せは互いに複雑に絡み合っているが、基本的に、「知の天使」は正しいと思う。たくさんお金を稼げば、プライドと自尊心を持てるかもしれないが、お金に、日々感じる喜びを増やす効果はほとんどないからだ。

ほとんどの人が〝成功とは単なる成果の一覧表ではない〟と頭では理解している。「では一体何なのか?」と問えば、たいてい「成功とは、幸せになることです」という答えが返ってくる。そこでわたしはもう一段階先に進むよう促す。「幸せという言葉が何を意味するのか、定義してみよう」と。実際、話が本当におもしろくなるのはそこからなのだ。

この章では、「あなたにとって幸せとは何か」を定義していただきたいと思っている。いざ幸せの定義について考えてみると「幸せを見つけるのはなんて難しいんだろう」とあなたは驚くかもしれない。

ノーベル賞受賞者のプリンストン大学心理学教授、ダニエル・カーネマンは、このテーマで最先端の研究を行った。著書『ファスト&スロー』(邦訳・早川書房)で、彼はこう述べている。「この10年の間に、我々は幸福に関するたくさんの新しい事実を学んだ。しかしそれと同じく、〝幸福〟という言葉の意味は単純ではないし、過去と同じように使われるべきでない、ということも学んだ」と。

この章で見ていく通り、「幸せ」という1つの言葉には、少なくとも3つの異なる意味がある。

・瞬間的幸せ：瞬間的にわき上がるポジティブ感情
・総合的幸せ：過去と未来、人生を総合的に評価・判断しての幸せ
・魂の経験：意義、連帯感、深い喜びの感覚

ここから先の節で、右の3つそれぞれの意味について学んでいただく。それを踏まえて、この章の最後では、あなたの幸せの定義に結論を出してほしい。それができれば、幸せが成功とどう関係するのかが判断できるようになる。

◉――3つの幸せの謎

第1章の〝「6つの人生」の演習〟では、成功の内面的側面と対外的側面のバランスについて考えた。ここからは、内面的側面について詳しく見ていくことになる。

手始めに、2つ質問をしたい。

1問目。両親や気のおけない親族と、以下のような会話をしたことはないだろうか？

あなた‥「この先、何をしたらいいんだろう」
両親　‥「おまえがやりたいことをやればいい。おまえが幸せならそれでいいんだ」
あなたの両親の言う「幸せなら」とは、どういう意味だろうか？

この答えを念頭に置いて、2問目に進んでほしい。以下の文章を読み終わったら顔を上げ、1番最初に心に浮かんだことを答えてほしい。

2問目。ここ1、2週間で「幸せを感じた瞬間」を思い浮かべてほしい。あなたは何をしていて、どんな気分だっただろうか？

2つめの質問の回答例を挙げよう。これはわたしが実際に受けた回答だ。

・チョコレートのかかったソフトクリームにかぶりついたとき
・青空の下、彼と手をつないでベンチに座っていたとき
・深夜に友達数人とポーカーをして、どうやら勝てそうだと思ったとき
・友達の誕生日のサプライズイベントを企画したとき
・早朝に外を走って「ランナーズ・ハイ」で永遠に走れそうな気分になったとき

・おばと電話していて「検査したら、がんが消えてなくなっていた」と聞いたとき

両親が「おまえが幸せならそれでいいんだ」と言ったときに意味したことと、2つめの質問の答え、この2つを比べてみて、「幸せ」という言葉の定義に、何らかの違いがあることがお分かりいただけるだろうか？

両親が「おまえが幸せならそれでいいんだ」と言ったときの「幸せ」は、あなたの人生全体についてのことだ。つまり、「総合的幸せ」とは順調なキャリア、健康、自分にあった生涯のパートナーを見つけること、安定した生活を送っていることなどを指している。

これに対し、2問目での〝ソフトクリーム的幸せ〟は、瞬間的なポジティブ感情、喜びや満足感、愛情、楽しさに関係している。この種の幸せが「瞬間的幸せ」だ。

この2つに加えて、幸せには、より大きな意味合いがあると、昔から考えられている。哲学者は、この3つ目の幸せを「その人にとって正しい種類の課題に対して、正しい種類の努力を注ぐことから生まれる充足感」と表現している。

この感覚を的確に表す言葉に、ヘブライ語の「シムハ」という言葉がある。わたしの生徒の1人がクラスで発表したところによると、アキヴァ・タッツ（南アフリカ出身の正統派ユダヤ教指導者《ラビ》）は、この言葉をもっと広い定義で使うそうだが、わたしはその定義が非常に気に入っ

ている。

師《ラビ》によると、シムハとは「やるべきことをやっているときに訪れる魂の経験」だ。病気の友達を慰めることから、高レベルな技能によって仕事を遂行することまで、たくさんのことがこの言葉で表現できる。

ポジティブ心理学では、この深い幸せの感覚を表すのに「フロー《flow》（没入）」「フラーリッシング《flourishing》（繁栄）」「ミーニング《meaning》（意義）」という言葉を使っている。

この幸せの究極の形を表現するのに、アリストテレスが著書『ニコマコス倫理学』で使ったギリシャ語は、「エウダイモニア《eudaimonia》」と言う。文字通り、「善良な（＝eu）精神（＝daimōn）」を意味する。

ここからは、幸せについてさらに考えを深めていきたい。そのために3タイプの幸せについて考察する。同時に、それぞれの幸せを増やす方法もお教えしよう。

◉──「瞬間的幸せ」を増やす3つの方法

「瞬間的幸せ」とは、直接的で、心地良い、感覚的な幸せのことだ。つまり、喜び、愛、ぬくもり、歓喜、楽しさ、優しさ、親しみ、高揚といったポジティブな感情を感じること。

マンガ『ピーナッツ』の生みの親、チャールズ・シュルツは印象的な「瞬間的幸せ」の定義を残した。それは1960年4月25日に発表されたマンガに描かれている。

ルーシーは怒りっぽいひねくれ者のキャラクターで、普段は、犬のスヌーピーにキスされるのではないかと恐れている。しかしその日、彼女は警戒心を緩め、瞬間的な愛情を込めて、スヌーピーを抱きしめた。ルーシーが最後に言った言葉は、数え切れないほどのポスターやマグカップに印刷されている――「しあわせは、あったかい子犬」

ブログ『Escape』によると、シュルツ自身、この定義を信じているという。

「ぼくはきれいごとを言ったつもりはない。ただ真実を言っただけだ。幸せにこれ以上ぴったりの定義があるだろうか？」

さきほど、「ここ1、2週間で、幸せを感じた瞬間を思い浮かべてほしい」と質問したのは、こうした経験を見つけるためだ。わたしはその種の経験を「瞬間的幸せ」と定義している。

「瞬間的幸せ」とは、一気にやってくるタイプの幸せだ。あなたが成功をどう定義するかに関わらず「瞬間的幸せ」は必ず、あなたの成功に貢献する。

ここで、あなたが日々経験する「瞬間的幸せ」の量を増やすアイデアを3つお教えしよう。

「今、この瞬間」に注意を向ける

ベトナムの仏教僧ティク・ナット・ハンは、彼の著書『マインドフルの奇跡』で、ある友人のエピソードを紹介している。その友人は、興奮して、将来の計画を語っていた。語りながら、みかんの房を口に放り込んでいる。どんどん早口になって、よく噛みもせずにどんどん飲み込んでいた。

ティク・ナット・ハンに優しく指摘されて初めて、友人は、みかんの甘味がずっと口にあったことに気がついた。その指摘によって、「瞬間的幸せ」の1つ〝おいしさ〟が生まれた。

かつてアメリカに、ウォレス・スティーヴンズという詩人がいた。彼は生命保険会社の上級役員でもあった。彼は毎日の出勤に車を使わず、自分の足で歩いた。そして歩いている間は、周りで起きていることに目を向け、自分の経験を表現する言葉を考えた。彼は通勤を詩作の場に変えたのだ。

コネチカット州のハートフォードに行けば、スティーヴンズの通勤路をたどることができる。その通勤の舞台には、13個の御影石の標石が立てられており、それぞれに、彼の代表的な詩「クロウタドリの13通りの楽しみ方」の1節が刻まれている。

おそらくあなたは、たくさんの「瞬間的幸せ」を逃している。どこかにたどり着こうとせかせかしている、その間に。「今、この瞬間」に注意を向ければ、それを捉えることができる。

期待をリセットする

ハーバード大学のダニエル・ギルバート教授の研究によれば、人はしばしば将来の自分を幸せにしてくれるものを見誤るという。このテーマについて書かれた彼の著書『明日の幸せを科学する』（早川書房）は優れた、そして楽しい1冊だ。

例を挙げよう。この例では、さきほど紹介した『ピーナッツ』のマンガが、極めて重要な役割を担っている。わたしの生徒キャシーは、そのマンガをきっかけに、「瞬間的幸せ」についてある事実を学んだ。

彼女は、8歳の頃、ルーシーがスヌーピーを抱きしめている「しあわせは、あったかい子犬」のポスターを見た。そして〝子犬が幸せを運んでくる〟と受け止めた。

キャシーは両親に犬をねだり、子犬を手に入れた。そして気がついた。子犬がいても、自分は不幸なままじゃないか、と。後に彼女はわたしにこう言った。

「今は分かるようになりました。わたしはただ、幸せな雰囲気をたくさん味わえるタイプじゃないんだ、って。今だって、わたしは特別明るい人間ではありません」

彼女は学んだのだ。〝こうすれば、わたしはこんな感情を味わえるはずだ〟という期待をリセットすることを。たった1つの方法で人生の問題すべてが解消される、という空想はもはや抱いていない。前より期待しないことで、嬉しい気持ちを感じることが多くなった。

ギルバート教授の調査によれば、結婚、卒業、誕生日といったイベントにまつわる期待は「瞬間的幸せ」の妨げになる。期待値が上がると、実際の体験はそれに届かない。幸せを感じるためには、将来への過度の期待をリセットする必要があるのだ。

幸せに順応しない

期待以外にもう1つ「瞬間的幸せ」を減らしかねないものがある。心理学者が「順応」と呼ぶものだ。

望んでいた人間関係や仕事を手に入れるなど、何か良いことが起きても、人はすぐにその新しい状況に慣れてしまい、今度はそれを基準に自分の気持ちを判断するようになる。新しい人間関係や仕事の輝きは薄れ、別のことが気になってくる。新しいすてきな恋人が、2人の夕食の最中にメールを打っている姿。望んでいた職場での上司のいらいらする話し方。

「今、この瞬間」に注意を向けることは、「期待」とともに「順応」をリセットするのにも役立つ。一瞬一瞬の自分の人生を客観的に認識するようになれば、そこにあるものを、当然あるべきものだと〝織り込み済み〟にしなくなるからだ。今を生きるようになると、ささやかに回っていく人生に感謝できるようになる。そのためには、自分の恵まれている点に、日々あらためて目を向けてみるといいのだ。

もしあなたが事故に遭い、毎日の移動に車いすを使うようになったら、最終的にあなたは自分の障害にとらわれるのをやめて、人生の他の部分に目を向けるようになるだろう。そしてその人生には、幸せな瞬間がたくさんあることだろう。あなたがみかんの味に注意を払っている限り、どこに座っていようと、甘さを感じられるのだ。

「総合的幸せ」を高める4つの方法

「総合的幸せ」を測るために、心理学者は被験者にアンケートを渡す。そして、自分の人生を、世界的に共通認識できる表現で評価するように依頼する。そのアンケートの中から1つ、実際の質問を例に示そう。

Self check

「総合的幸せ」のセルフチェック

あなたの「総合的幸せ」は脚立の何段目？

脚立を思い浮かべて下さい。一番下には0、一番上には10と書いてあります。

脚立の頂上はあなたにとって最も望ましい人生を表し、最下段は考えられる限り最悪の人生を表しています。
今あなたは、個人的にはどの段にいると感じるでしょうか？

10
9
8
7
6
5
4
3
2
1
0

あなたの「総合的幸せ」は、いくつだっただろう？

実は、ほとんどの人は、自分が「総合的幸せ」の目盛りの6～10の間にいる、と評価する。幸福研究の世界的な権威、イリノイ大学のエド・ディーナー教授の研究によれば「ほとんどの人は、ほとんど常に、それなりに幸せである」。

愛する人の喪失、体調不良、失業状態、安全な環境の欠如、社会的な孤立は、人に大きな不幸をもたらす。それでも、たいてい幸福度は回復する。

わたしたちはいつも幸せなわけではないが、それと同じく、いつも悲しくもいられない。こうした心の仕組みは、予測不可能でストレスの多い世界を生き抜くために、自然から与えられた術なのではないだろうか。

もうひとつ面白いことがわかっている。「総合的幸せ」に10点満点をつける人は、その代償として、対外的な意味ではあまり成功できていない。

そういう人たちは、8点をつけた人と比べると、あまり達成せず、収入は少なく、成績は低く、取得する学位が少ない。〝なんとかなるさ、楽しく行こう〟的な態度を反映しているのだろう。つまり、10点満点の幸福には〝達成〟を諦めなければならない、ということなのだ。

ディヴィット・リッケンとアウカ・テレガンという2人の学者は、遺伝子と幸福感を結びつける研究を行った。

その研究によると「チームに入る、仕事で出世する、宝くじに当たるなどの出来事があると、幸福感が増大する傾向がある」が、これらの出来事の効果は「気質の一定のセットポイント、すなわち、個人を特徴づける遺伝的形質に対する、一過性のゆらぎ《fluctuation》のように見える」という。そして、「総合的な幸福度」は人によって異なるが、その差は、半分は遺伝子に起因し、残りの半分は環境に起因すると結論されている。

この研究から言えることには、良い話もあるし残念な話もある。残念な話は、「総合的な幸福度」の上限と下限は、意識的にコントロールできないものらしいということだ。良い話は、その範囲内であれば「総合的幸せ」を高めようと努力することは可能だということだ。

研究者が提案している次の4つの方法は、あなたの「総合的幸せ」の点数を1点か2点上げるのに役立つはずだ。

健康状態を維持する

〝知の天使〟が、成功の要因の1つとして健康を最初に挙げたのは正しいと思う。

ギルバート教授によると、人は事故に遭い車いす生活になったとしてもいずれは順応する。しかし、体調不良だったり病気になったり痛みがあれば、「総合的幸せ」の点数はどうしても下がる。あなたが健康なら感謝するべきだ。そしてその状態を維持できるようなことをするべきだ。

エリック・アドラーが膵臓がんと診断されたとき(第1章参照)のように、何らかの健康障害に襲われたら「瞬間的幸せ」を維持するために、自分でできることをすべてやるのだ。エリックは、お気に入りのコメディードラマ、『となりのサインフェルド』を、病院のベッドでずっと見続けた。

長期的な目標を達成する

難しい長期的な目標を達成すると「総合的幸せ」のレベルが上がる。このことは研究で証明されている。

もし医者や弁護士を目指して、実際にその職業につけたら、あなたの「総合的幸せ」はおそらく向上する。一方、その夢に届かなかったら「総合的幸せ」は落ち込むだろう。少なくとも、自分の期待をリセットし、新しい方向に向かって出発するまでは。

重要なのは、あなたが心からやりがいがあると思うことを、達成することだ。後の章で見るように、あなたが他の人を喜ばせることを主眼に生きているならば、その目標を達成したとしても、満足感はたいして得られない。

人間関係に投資する

〝知の天使〟が、愛は幸せの大きな要素だと言ったとき、わたしはその通りだと思った。彼の意見を恋愛に限らず、親しい人間関係すべてに当てはめて解釈すれば、彼の正しさは研究により裏付けられる。

ダニエル・カーネマンは、幸福研究から得られた様々な結果を人間関係という観点から要約し、次のように述べている。「幸せとは、あなたが愛し、あなたを愛する人と時を共にすることであると言っても、過言ではない」と。

これまでで最も包括的な幸福研究は、1937年にハーバード大学に入学した268人の男性を72年にわたって観察したものだ。その研究では、中年期および老齢期において「幸せ」で「健康」な男性には、次のような多くの共通要因が見られた。

（1）生活変化に対する精神的な順応性

（2）高度な教育
（3）安定した結婚生活
（4）喫煙しない
（5）過度な飲酒を避ける
（6）適度な運動
（7）健康的な体重の維持

中でも最も重要な要素は、人間関係に気を配ることだった。この研究で40年以上中心的メンバーとして調査をしてきた精神科医、ジョージ・ヴァイラントは、「この研究から学んだことは何ですか？」との質問に、間髪いれず、確信を持ってこう答えた。「人生において本当に大切なのはただ1つ、他の人との関わり合いだけです」、と。

十分なお金を稼ぐ

お金で幸せは買えるのだろうか？

ひとたび、生活するに足る給料を稼ぎ、衣食住と多少の楽しみに使える程度のお金が手に入ると（平均して年収7万5000ドル～10万ドル／750万円～1000万円ほど）、その後は、お金が増えたからといって、その分「瞬間的幸せ」が増えることはない。

ここでは「平均して」という言葉がポイントだ。同じ国でも、地域によってかかる生活費には差がある。その給料で何人養わなければいけないのかも、家庭により異なる。それらの事情次第で、「瞬間的幸せ」のプラトー現象（＊訳注……一定状態で停滞し、伸びなくなる現象）が発生するのに必要な所得水準は変わってくる。

しかし、「総合的幸せ」に関しては、富によって改善される可能性があることが、研究で確認されている。例えば、収入が15万ドル（１５００万円）の人と50万ドル（５０００万円）の人を比較すると、50万ドル（５０００万円）の人の方が、自分の「総合的幸せ」を高く評価する。

なぜそのようなことになるのだろうか？

たくさんお金を稼ぐ人は、若い頃、裕福になりたいと強く望み、富を築くことを長期的な目標に入れている。長期的な目標を達成したので、「総合的幸せ」が上昇したのである。

お金で「総合的幸せ」が増えるもう１つの理由は、文化的なものだ。

２０１１年の論文で、エド・ディーナーの研究グループは、こう結論している。裕福な人の方が高い幸せを感じているのは、物質的により多くのものを所有しているからではなく、社会的により尊敬されているからである。

あなたにとって、「総合的幸せ」は、内面的な成功を測る重要な指標だろうか？　それは、あなたにしか答えられない質問だ。何かを達成する人生は、目標とするに値する。そして、日々

「瞬間的幸せ」を感じることも同じく目標とするに値する。どこにバランスを置くかは、あなたが自分で決めないといけない。

◉――第3の幸せ「魂の経験」

最後に、今まで見た他の2つよりも深いレベルの幸せが残っている。もしかしたらそれが、3つの幸せの中で一番重要かもしれない。

わたしは何年にもわたってその呼び名を考えてきた。「超越的幸せ」「聖なる幸せ」「究極の幸せ」「霊的な幸せ」等々。しかし「幸せ」という言葉を使わない方が、しっくりくる。

アリストテレスはそれをエウダイモニア――善良な精神、または、その他の善を達成するためではなく善そのものを求める善――と呼んだ。

わたしは、「シムハ」というヘブライ語も、役立つ概念であることを突き止めた。ヘブライ語の中には、「幸せ」と訳される可能性のある言葉がたくさんあるが、シムハもその1つだ。シムハにはたくさんの定義があり、喜びや満足感といった単純なものから、霊的な感情の高ぶりまで表す。前にも言ったが、わたしは、アキヴァ・タッツの定義が一番気に入っている――「やるべきことをやっているときに訪れる魂の経験」である。

わたしはよく、教えている最中に、この意味の「シムハ」を経験する。家族と過ごした思い出の休暇や、瞑想体験を振り返ると、「シムハ」を経験したときの感情がよみがえる。「シムハ」という言葉を教えてくれた生徒の指摘によれば、シムハは動詞としても名詞としても使われることがあるという。彼女は、10代のユダヤ人向けの本から、シムハが表現されている箇所を引用した。

「あなた自身の道を歩むこと。あなた独自の目的地に通じる、あなた独自の道を歩むこと。……あなた自身に通じる道を歩むこと」

その道には、幸せと同じくらい、ストレスや苦痛、悲しみが含まれている可能性が高い。しかし、彼女はこう書いていた。シムハの悲しみは「良い悲しみ」なのだと。

人生を振り返って、自分にとって重要な意味のあった経験を思い返してみてほしい。その中で、「ポジティブ」な感情と「ネガティブ」な感情の両方が入り混じっているような経験はどれくらいあるだろうか。

ポジティブな感情が一切なく、それを打ち破れば何か重要なものにつながるであろう、心の底からの嘆き、後悔、悲しみ、苦痛に支配された経験は、どれくらいあるだろうか。

その苦しい時期は、ためになっただろうか？　その後、充実感を得るような、学びになっただろうか？

わたしは、最も「幸せ」でなかった時期、自分が孤独で、とまどってばかり、落ち込んでばかりだった時期に、たくさんのことを学んだ。そう考えると「幸せ」という言葉は、成功の内面的な側面を十分には言い表せていないかもしれない。

幸福について最先端の研究をしている心理学者たちは、今、ある共通認識を持っている。わたしたちの文化は、ポジティブな感情こそ良い人生の第一指標だという先入観にとらわれているせいで、決定的な要素を候補から除外している、と。

我がペンシルベニア大学の同僚、マーティン・セリグマンは、著書『ポジティブ心理学の挑戦』（邦訳・ディスカヴァー）でこう論じている。

「人生の満足度は本質的に陽気な気分を測定するものだ。そのため、人生の満足度は幸福学以上のものをめざす理論においては、中心的な位置づけを得るにふさわしくない」

セリグマンは、生きがいある人生を作り出すために、5つの要素を結びつけるよう提案している。その5つとは、ポジティブ感情、エンゲージメント（engagement）、人間関係、自分自身よりも大きな目的を果たすことから生まれる意義、短期的・長期的両方の達成、である。

この5つが一体となったとき、「瞬間的幸せ」と「総合的幸せ」のどちらよりも大きなものを生み出す。セリグマンが「ウェル・ビーイング」と名付ける究極の善を。

もう1人のポジティブ心理学の研究者、ニューヨーク大学のジョナサン・ハイトは、彼が何を究極の善と考えるかについて、完全に主観的な観点から、少し異なる定義をしている。

著書『しあわせ仮説』(邦訳・新曜社)で、彼はこう尋ねている。「豊かで、幸せで、満たされている人生、意味のある人生を送るために、何ができるのだろうか?」と。

彼自身はそれにこう答えている。「瞬間的幸せ」であるポジティブ感情を探したり、「総合的幸せ」という楽しい思い出を温めているうちは、答えは見つからないだろう、と。

その代わり、「あなたと他者、あなたと仕事、そしてあなたとそれよりも大きな何かとのあいだに正しい関係性」を築くよう努力することを勧めている。そして、これら3つの努力から、人々が手に入れられる、真の幸せを構成する「目的意識と意義が湧いてくるだろう」と結論づけている。

ネガティブな感情の価値

「魂の経験」が、幸せに関係のあるその他すべての要素と大きく異なる点は、ネガティブな感情を含んでいることだ。

知恵を得ることに関して、ネガティブな感情は、ポジティブな感情の上座につくことができる。わたしたちは第1章で、現状に満足しないことの大切さについて考えた。それが、人生で行動と変化を起こす触発剤になる、と。

試練にぶつかると、否応なく、自分にとってのもっと大きな目標について考えさせられることが多い。そうした熟考こそが、未来へのアイデアとひらめきを生み出す源となるのだ。

また、恐れとか不安といった不快な感情が、現実の差し迫った危険を警告してくれることもよくある。実際、少し落ち込んでいる悲観的な人は、楽観主義者よりも現実をしっかり受け止めている傾向があるということが、調査で明らかになっている。

より高い目標を設定してそれに達していない人は、その結果に大きな不満を感じていることが多いが、実はその結果は、低い目標を設定している人をはるかに上回っている。そして、その目標を本当に達成できたときに幸せを感じている。

また、多くの芸術家は、ポジティブな感情に限らず、人間が感じ得るありとあらゆる感情に襲われているときに、最も良い仕事をするようである。ひらめきに必要なのは、微笑むことではなく、苦しむことらしい。

アルバート・アインシュタインも同様の考えを持っていた。「快適さや幸せといった目標を立てることに魅力を感じたことは一度もない」と彼は言った。「そのような目標を基礎として築かれた理論体系は、烏合の衆にしか意味をなさない」

哲学者イマヌエル・カント（1724〜1804年）もやはり、幸せが良い人間生活の正当な目標なのか、疑問を抱いていた。彼はこう論じている。人々は、たとえ幸せを犠牲にすることになっても、正しいことを為すことに集中するべきだ、と。

そして20世紀を代表する有名な（そして難解な）哲学者の1人、ルートヴィヒ・ウィトゲンシュタインは、かつてこう意見を述べた。「なぜわたしたちがここに存在するのかは分からない。しかし、これははっきり言える。わたしたち自身を楽しむためではない」

オルダス・ハックスリーの1932年の小説、『すばらしい新世界』（邦訳・光文社古典新訳文庫）では、主人公ジョン（「野蛮人《サヴェージ》」と呼ばれている）が、不幸であることは法律違反であるとされている社会に直面する。話が進んでいくと徐々に、その「すばらしい新世界」は、人が生きたいような世界ではないことが分かってくる。そこでは、こどもたちは「今は誰もが幸せだ」という呪《まじな》いを聞きながら眠りにつく。住民の幸せの平均値は、遺伝子技術によって非常に高いレベルに押し上げられている。そして「ソーマ」という名の薬がどんな苦痛も癒してくれる。

しかし万人の幸せの代償は大きかった。美も、真実も、芸術も、科学も、すべて快適な暮らしに屈してしまった。個性と自己判断力も同じく失われた。

「快適さなんて欲しくない。欲しいのは神です。詩です。本物の危険です。自由です。美徳です。そして罪悪です」

「要するにきみは」と、ムスタファ・モンドは言った。「不幸になる権利を要求しているわけだ」

「ああ、それでけっこう」ジョンは挑むように言った。「僕は不幸になる権利を要求しているんです」

支配者ムスタファ・モンドはそれから、不幸になる権利に含まれるあらゆる悪夢を挙げ連ねた。老い衰えることから、恐れおののくこと、病にかかること、平凡さや羞恥心に苛まれることまで。長い沈黙の後、野蛮人はこう答えた。「僕はそういうものを全部要求します」

ハックスリーの小説は、わたしたちにこう迫ってくる。幸せをどれくらい重視するか考えろ、と。人生における他の内面的な側面、例えば〝勇気、正直さ、独立、謙虚、思いやり等と比べて、幸せはどれほど重要なのか?〟と。

ここまでに紹介した「幸せが第一目標」という考えを否定している科学者や、哲学者がヒントになるはずだ。

◉——宗教は「幸せの追求」が目標ではない

仏陀が悟りに達したとき、彼が最初に悟ったのはこういうことだった——人生の本質は、苦痛と不満を生きることである。

人は病にかかり、いつか必ず死ぬ。怪我を負い、肉体的にも精神的にも苦痛を味わう。世界の偉大な芸術や音楽、文学、宗教の教えの多くは、この状況にどう立ち向かい、苦しみをどう乗り越えるかを追求している。苦痛に目をつむり「幸せ」な世界に逃避するのではなく、現実と向き合い、その経験から学ぼうとしているからだ。

不満や義憤、失望、悲しみといったネガティブな感情は、わたしたちを刺激してくれることも多い。自分自身を見つめ直せ、正義を求めよ、他人に手をさしのべろ、人生に必要な変化を起こせ、と。つまり、成功を「幸せ」という観点だけで考えると、人生を有意義にする要素を除外してしまう可能性があるのだ。

世界の主要宗教はどれ1つとして、精神生活の目標に「幸せの追求」を掲げることを、是としない。それは主要宗教のすべてに当てはまる、数少ない共通点の1つだ。

ここからは手短に、主要宗教を見て回る世界一周旅行をするとしよう。「幸せ」の概念が果たす役割がいかに小さいか分かることだろう。こんな雀の涙ほどの解説では偉大な教えを十分には表せないが、幸せに関するわたしの意見を強調するため、載せておこうと思う。

ヒンズー教

ヒンズー教は、何千年も前にインドで発祥した信仰と慣習、神々の集合体で、太古から無秩序な広がりを見せている。その根幹は、輪廻転生にある。人々の魂は繰り返し生まれ変わり、来世の宿命は現世の行いに基づいて定められる、というものだ。

より良い生まれ変わりを確保できる精神的な道は、4通りある。神への崇拝と愛に身を捧げる人生（バクティ・ヨガ）、瞑想に献身する人生（ラジャ・ヨガ）、知を探求する勉強の人生（ギャーナ・ヨガ）、義務と奉公の人生（カルマ・ヨガ）。

これらの道を歩んでいる人々の目標はつまるところ1つ、モクシャ（解脱《げだつ》）。つまり名声や富、快楽、幸福への願望から解き放たれることだ。精神的な道を真摯にたどった者だけが、「知恵」という内面的な特質を備えることができる。

仏教

仏陀が生きていたのは紀元前5世紀頃のことだ。まずはヒンズー教の規律を実践することから精神の道を歩み始め、最終的には人生の意義を自分で悟るに至った。

仏陀の教えは、彼が人間の在り方の〝四聖諦《ししょうたい》〟と呼ぶものを根幹としている。

（1）人生は苦である

（2）苦が生じるのはわたしたちに煩悩、欲望、欲求があるためである

（3）この終わりのない苦のサイクルを抜け出す道がある

（4）その方法は、持続的な努力と、集中と、瞑想の、厳格な人生を実践することである

これらの教えを実践することにより、わたしたちの心は、有徳な思想と意志で満たされる。そして、苦のサイクルから抜け出す言動、生き方にたどり着くことが可能となる。仏陀はこの実践徳目を、八正道《はっしょうどう》と呼ぶ。この8つの徳目が目指すところは〝涅槃《ねはん》〟。つまり、輪廻転生の終わりであり、幸福などを求めるあらゆる欲を一切持たなくなる状態である。

ユダヤ教

ユダヤ教は3千年以上前、中東の砂漠で生まれた。ユダヤの人々と唯一神の間にある、特別な関係と契約を軸としている。

最重要のユダヤ人預言者は、モーセである。そしてモーセがなした最も重要な行為と言えば、シナイ山で、ユダヤの民が守るべき律法を神から授かったことだ。十戒を含むこの律法は、ユダヤ教の聖書(一般に旧約聖書として知られるヘブライ聖書)の最初の5書(トーラーと呼ばれる)と並んで、キリスト教徒によく知られている。トーラーはユダヤ教信仰の中心的存在で、ユダヤ人の神の崇拝のあり方、家族内での身の律し方、地域社会での行動のあり方の原則を示している。

ヘブライ聖書の中でわたしが特に好きな書は、『コヘレトの言葉』だ。人生の意義を見つけようとした王の話が描かれている。その探求は王を、政治的な権力の殿堂と快楽の家から連れ出し、他者へ奉仕し、確固たる知恵を追求する人生へと導いた。最後に、王はこう結論した。人間のあらゆる試みは、彼が「空《くう》」と呼ぶ、一種虚しい愚かさに始まり、またそれに終わると。彼は言う。最良の助言は、ただ「神を恐れ、その戒律を守ること。それが人の義務のすべてである」と。

ユダヤ教はたくさんの価値と関連しているが、幸せはその中心にはないようである。むしろ、人生の意味は神との真の関わりを探すことにある。

キリスト教

キリスト教は、ナザレのイエスの人生と教えを核としている。彼は2千年少し前、ユダヤ人の家庭に生まれた。彼はユダヤの民に、自《みずか》らをユダヤ教で信仰されている「救世主」または「救済者」と名乗った。

キリスト教徒は、イエスの神性を信じてこそ救済され、死後、神とともにある永遠の人生を得ることができる、と信じている。

仏陀が多くのヒンズー教の概念を仏教に取り入れたのと同じように、イエスはユダヤ教から多くの概念を自分の教えに融合させた。

現代の福音主義のキリスト教牧師は、宗教的な美辞麗句を並べ、「神の力」を信じれば現世の名声も富も幸福も授かれるとうたって、強固な支持者を得ているが、福音書の記録に基づくと、イエスはそういう世俗的な価値を実証するような生き方はしていない。

彼は貧しかったのだ。現世での短い生涯を、来る「神の国」について説き、病気の人や、目・足の不自由な人を癒すことに費やした。そして十字架に磔《はりつけ》にされ、苦しみながら死んだ。自分の発言を撤回すれば避けられたにもかかわらず、そうはしなかった。

イエスの教えでは、謙虚、奉仕、犠牲、苦痛が讃えられる。幸せは死後、神と一体となることでしか訪れない。イエスは、どう生きるべきか尋ねられたとき、答えとして2つの提言をした――まず、心を尽くして神を愛しなさい。次に、隣人を自分自身のように愛しなさい、と。

幸せについては触れなかった。しかし、彼の教えには、深い知恵が表れている。

イスラム教

イスラム信仰は預言者ムハンマドに端を発する。西暦570年から632年に生きた人物だ。イスラム教はキリスト教と同様、唯一神としてユダヤの民の前に現れた、その神を信じることを基礎とする。キリスト教と異なり、イスラム教では、イエスではなくムハンマドを崇拝し、ムハンマドは神の言葉を人々に伝える最後の使者とされている。

ムハンマドの啓示を記した書が、イスラム教の聖典「コーラン」だ。イスラム教は、神への愛と、ムハンマドによって規定された神の戒律への服従を軸とする。

イスラム教徒は、正しい生き方を説いた「五行」を信仰する。これは、イスラム教の祈りの言葉、教義を挙げたものだ。1日5回祈ること、貧しいものに施すこと、ラマダン（断食月）に断食すること、メッカへの神聖な巡礼を少なくとも一生に一度は行うことが説かれている。

良い生き方とされる人生の目標は、復活と永遠の生。イスラム教信仰の中心は、祈りと施し、断食、過酷な巡礼だ。幸せからはほど遠い。

宗教と幸せの関係性には皮肉なものがある。ここまで見たように、宗教は幸せを目的としていないが、調査によると、信仰は「総合的幸せ」のレベルをずいぶん上げるのだ。しかし、この効果は幸せを追求することから生まれるのではない。個人の幸せを超える何かに専念することから生まれるのである。

哲学者ジョン・スチュアート・ミルがこの章のはじめの引用で述べているように、「自分の幸福以外の目的を追求する者だけが、幸福である」のだ。

Self check

幸福の定義のセルフチェック

あなたにとっての幸せを定義する

これまでの理解を踏まえて、あなたは「幸せ」をどう定義するだろうか？ 〝知の天使〟は自分の考えを持っていた。今のあなたはどうだろう。

あなたが本当に「幸せ」を定義できているかどうか判断する良い方法がある。まずは左の欄に収まるように、「幸せ」の定義を要約してみてほしい。

わたしの定義する幸せとは……


演習をつづけよう。

あなたの定義する幸せは、あなたの考える成功とどう関係しているだろうか?

あなたの成功には、どんな種類の幸せが重要だろうか?

3種類の幸せの、おおまかな優先順位は?

考える手がかりとなるヒントを与えよう。以上の質問を、以下に整理したので、あなた自身の今の答えを書いてみてほしい。

「瞬間的幸せ」について

質問：あなたの定義する成功では、「瞬間的幸せ」をどれぐらい重視するだろうか？

□必須かつ重視する　□ある程度重視する　□それほど重視しない　□まったく重視しない

質問：あなたが高めたい「瞬間的幸せ」とは？　具体的に挙げてみよう。

質問：「瞬間的幸せ」を増やすために、今すぐできることは？　具体的に挙げてみよう。

「総合的幸せ」について

質問:あなたの定義する成功では、「総合的幸せ」をどれぐらい重視するだろうか?

□必須かつ重視する　□ある程度重視する　□それほど重視しない　□まったく重視しない

質問:あなたが高めたい「総合的幸せ」とは? 具体的に挙げてみよう。

質問:「総合的幸せ」を増やすために、今すぐできることは? 具体的に挙げてみよう。

「魂の経験」について

質問：あなたの定義する成功では、「魂の経験」をどれぐらい重視するだろうか？

□必須かつ重視する　□ある程度重視する　□それほど重視しない　□まったく重視しない

質問：あなたが高めたい「魂の経験」とは？　具体的に挙げてみよう。

質問：「魂の経験」を増やすために、今すぐできることは？　具体的に挙げてみよう。

◉───最後に

「幸せ」という言葉で、「成功とは何か?」という質問に答えを出したつもりになっている人は、冒険を終えたのではなく、冒険を始めたにすぎない、ということを、この章は示している。

これまでのページで分かったように、幸せの意味するものはたくさんある。あなたが、〝成功した人生〟の一要素として、追求する価値があると思うのは、どのかたちの幸せだろうか?それはあなたが自分で決めなくてはならない。

成功の内面的な側面についてここで考えたことを、この後も心にとどめておいてほしい。

第2章のポイント

成功を自分で定義しよう

幸せと成功はイコールではない。これは大事なポイントだ。

「瞬間的幸せ」は、心にゆとりを持ち、周りで起きていることに目を向けることから生まれる。今を幸せに生きるのに必要なことは、とてもシンプルだ。

「総合的幸せ」は、努力の必要な、そしてときには苦しい犠牲を伴う、長期的な目標を達成した結果、得られるものである。

「魂の経験」は、上の2つの幸せよりも、内面的な成功にとって重要である可能性がある。

第3章

成功とは「地位・名声・富」を得ること

わたしはいつも自分以外の誰かになりたがっていた。
でももっと具体的にイメージするべきだったのだと思う。

——リリー・トムリン

貧乏も経験したし、裕福も経験した。裕福な方がいい！

——ビアトリス・カウフマン

カール・ボルチ・ジュニアという名の起業家がいる。アメリカ南部最大規模のコンビニ併設型ガソリンスタンドをチェーン展開する企業のオーナーだ。

ボルチは1970年代中頃、会社をアラバマ州からジョージア州に移転した。そして、法務事務をサポートしてもらうため、有力な法律事務所と業務契約をした。時が経つにつれ、彼は自分の会社に的確なアドバイスをしてくれるある弁護士に頼るようになった。

さらに数年経ったある日のことだ。会社が順調に成長したのを受けて、そろそろ法務顧問としてフルタイムの社内弁護士を雇おうと決めた彼は、頼りにする法律事務所の弁護士のところへ行き、うちにお勧めの弁護士はいないかと聞いた。

「俺を雇うっていうのはどうかな?」とその弁護士は言った。

「それができたら言うことないさ」とボルチが受ける。「でもうちじゃ、君が今の事務所でもらっているような給料は到底出せないよ」

「構わないさ」と弁護士。「その仕事を受けるよ。いくら払うかは好きに決めてくれ」

ボルチは興味を引かれて「今の事務所の仕事に何か問題でもあるのかい」と聞いた。

「いや」と弁護士は言った。

「何の問題もない。ただ、もっとパイを食べたいかどうかって話さ」

「パイ……?」

弁護士は説明した。「今まで俺がやってきたことって、パイの大食い大会みたいなもんさ。

高校では良い大学に入るために勉強して、大学では良いロー・スクールに入るために勉強して、ロー・スクールでは一流の法律事務所に就職するために勉強した。そして法律事務所ではパートナー弁護士になるために働いた。それでやっと分かったんだよ。これってパイの大食い競争じゃないかって。勝った後にもらえる賞品はいつも同じ……『もっとパイが食べられる権利』。そんなの誰が欲しい?」

ボルチはその場で彼を採用した。それからというものずっと親しく一緒に働いている。

カール・ボルチの弁護士が〝パイの大食い競争〟に例えたとおり、他人の成功の価値感を安易に受け入れてしまうと、望んでもいない賞を手にすることしかできない。結局は自分で成功を定義しないといけなくなるのだ。

◉——成功の外的側面　地位・名声・富

前章では、幸せをテーマに、成功の内面的な側面について深く考えた。この章では、外的な影響力、文化と家族について考察する。どちらも真の成功を目指す上では障害になる可能性がある。

例えば、文化や社会にすり込まれた成功を追い求めると〝成功中毒者〟になりかねない。〝成功中毒者〟は、スポットライトを浴びて湧き上がる自己満足感を、とりつかれたように求める。そして、〝地位と名声と富〟という通貨で、自尊心を値付けする。仏教徒はこうした地位、財産、権力を求めて、満足することを知らない人々に名前をつけ、〝餓鬼《がき》〟と呼んだ。飢えは永遠に続く。欲求は永遠に満たされない。

世の中には色んな種類の餓鬼がいる。科学界では研究結果をねつ造し、一流科学誌に載せてもらおうとたくらむ。ビジネス界では、収益を水増しし、違法な情報やインサイダー情報を使って市場で不正を働く。出版界では、ベストセラー入りするために他人の作品を盗作する。

また、家族が原因で真の成功を目指すことが困難になる場合もある。親がこどもに過剰な期待を背負わせるためだ。

詩人ライナー・マリア・リルケはかつてこう言った。こどもは往々にして、両親から託された〝彼らの叶えられなかった人生〟をなぞって生きている、と。

ジョーン・フリーマンは、彼女の著書『Gifted Lives（恵まれた人生）』で、両親の示す愛情が条件つきの愛情である場合、こどもにどのような影響が及ぶかを書いている。

「もしあなたが、両親の愛情は無条件なものではない、両親の要求する目標を達成することでしか彼らの愛情は勝ち取れないと感じていたなら、心の中から生まれる自分自身の夢を抱き、それを成し遂げるという練習が不足しているかもしれない」

あなたは、もうとっくに大人になっているというのに、いまだに家族の期待に応えようと懸命になってはいないだろうか。家族の期待から抜け出すのに時間がかかればかかるほど、抜け出すには勇気が必要となってくる。

本章以降を読めば分かるように、自分の道を見いだす旅は、多くの場合、幼少時の興味にヒントを求めることから始まる。自分の中で自然に生まれ育った情熱が見つかる時代まで、記憶を遡るのだ。つまり、外的な影響力によって何を「成功」と見なすかを吹き込まれ、内なる声が消されてしまう前の時代まで。

本章の最後では、あなたが社会や家族の期待を乗り越えるきっかけとなる演習〝宝くじの演習〟を提供する。もし、その演習で、はっきりした答えが書けないなら、あなたは両親や社会に認めてもらおうと必死になりすぎている可能性がある。自分が本当に価値があると考える、自分自身のための目標に取り組んでいないのではないだろうか。

◉——文化的な価値観の影響　なぜ仏陀は太っているのか

あなたは今まで、絵や仏像の仏陀が太っていることを不思議に思ったことはないだろうか?歴史的につじつまが合わない。仏陀はインド北部出身のスリムで壮健な、節度と瞑想を説いた人物だ。彼は菜食主義者だった。

太った仏陀は、中国で体重と成功を結びつけて考えていた時代の遺産なのだ。中国には丸々とした、サンタクロースのような民間信仰の神がいる。名前を布袋《ほてい》と言い、中国ではおなじみの神様だ。布袋は太った仏陀に姿を変えた。そして今も成功のシンボルとして、世界中の商売繁盛を願う中国人の店に飾られている。

世界のどのコミュニティーでも、その内にある成功の価値観は、はっきりとは目に見えない。しかし、誰しも幼い頃から、成功しているとはどういうことかというメッセージを、数え切れないほど聞かされている。

「もしおまえが大学に行ったら……」そしてまた別の家ではこう言う。「おまえが大学を卒業したら……」そしてさらに別の家では「おまえが大学院を卒業したら……」という具合だ。

最初の家では、大学に行くことが人生における大きな成功と見なされている。2番目の家では、大学に行くのは当然の前提になっている。3番目の家にとって大学合格は、もっとずっと高いはしごを登るのに必要な最初のステップにすぎない。

価値観を刷り込むのは、親だけではない。特定の学校に入ろうとしたり、特定の種類の人と付き合おうとしたり、特定の製品を買おうとしたり、特定の仕事につきたがったりと、必死になっている周りの人を見るうちに、あなたは世間一般の価値感を刷り込まれているのだ。

さらに、テレビ番組や映画からも、何に打ち込むべきかという価値観を示唆される。感動的な演説やヒット曲の歌詞からも、強力なメッセージを聞かされる。こうした文化的なインプットはすべて、あなたの潜在意識に刷り込まれる。

このような刷り込みが積もりに積もった影響は計り知れない。一種の催眠術である。その影響を克服することがいかに大変か、そして、それを乗り越えたらどんな大きな見返りが待っているのか、具体例で見ていくことにしよう。

◉――〝刷り込み〟から目覚める

家族や社会から刷り込まれた成功の価値観を打開することがいかに難しいか知りたければ、カート・ティムケンの人生を見てみるといい。

ティムケンはオハイオ州で育った。そこでは彼の父が『フォーチュン』誌の〝収入全米上位500社リスト〟に入る企業を営んでおり、鉄鋼とボールベアリングを製造していた。会社はティムケンの高祖父が創業したもので、ティムケンはその跡継ぎとなるべく教育された。

ロサンゼルス近郊にある一流大学のポモナ大学を卒業。その後数年会社勤めをしてから、ハーバード・ビジネススクールに通った。彼の一生は安泰と言えた。

それにもかかわらず、ティムケンは与えられた人生をはねのけ、自分独自の成功のビジョンを追い始めた。彼の旅は、それがときとしていかに困難となり得るかを伝えている。

「誰でも、エンジンを動かすための燃料が必要だ」彼は作家ポー・ブロンソンに言った。「ウォール街で7桁の数字を稼ぐなんていうのは、安い薪《たきぎ》も同然、あっという間に燃え尽きてしまう（『このつまらない仕事を辞めたら、僕の人生は変わるのだろうか？』邦訳・アスペクト社より）」

ティムケンは何かもっと実体のあるものを求めていた。

彼に危機が訪れたのは、ハーバードを卒業した後のことだった。その頃は彼も妻もそれぞれの勤め先（彼はロックウェル・インターナショナル、妻はディズニー）で長時間労働に追われていた。互いのことも、結婚生活も見失い、そして離婚に至った。当時彼は30歳。

会社では、幼少時からの目標を実現し、リーダーへの出世街道を破竹の勢いで突き進んでいた。このまま行けば、家族の名前を掲げる会社に戻れるはずだ。

「なのに毎朝、出勤が待ち遠しくてベッドから飛び出すって気にはなれなかったんだ」

だから彼は会社をやめた。退職が、彼を縛り付けていた家族の期待を打破するきっかけになった。ティムケンは、自分の幼少の頃からの関心を振り返り、警察官を目指そうと決心する。企業家路線から、警官という根本的に違う畑に飛び乗ろうというのだ。

ティムケンは警察の仕事について調べ「警官職は自分に合っている」と確信した。しかし、警察には警察の文化がある。ティムケンはその文化の部外者だった。まず、ＦＢＩに落ちた。ロサンゼルス市警察にも採用を断られた。ロサンゼルス郡保安官事務所でも不採用だった。

そこでティムケンはリオ・ホンド大学警察学校に入学。クラスのトップに近い成績で卒業した。しかしそれでも、彼の真剣さを信じてくれる人は見つけられなかった。彼のような経歴の持ち主が、銃撃戦でパートナーを援護したり、真夜中の暴力団同士の抗争に介入しようなどと、本気で考えているはずがない、と思われていたのだ。

そんなティムケンを前進し続けさせたのは、財布に入れて持ち歩いていた100年前の手紙のコピーだった。ティムケン・カンパニー史の初期、危機的な時期に書かれた手紙だ。「わたしたちは必死でふんばってみせます」と彼の曾祖父が書いていた。「世間から見たら、わたしたちがここでふんばる道理はないかもしれません。しかしともかく、わたしたちには根性だけはあるのですから」

ティムケンも同じように感じていた。警察官になるという目標が道理にかなっていないことは分かっている。しかし「根性は確かにあった」と後に彼は語っている。2年かかって、彼はついにカリフォルニア州エルモンテで、警察官としての初仕事にこぎつけた。

エルモンテは、1年間無給という条件でティムケンを雇った。彼は今やすっかり切れ味鋭いプロの警察官、巡査長だ。暴力団やドラッグと、ときには体を張って戦う、戦場の真っただ中にいる。連邦政府の麻薬取締局の業務を代理することもある。

ティムケンは自分の仕事がとても気に入っている。聞く耳のある人には、いつもこう伝えるのだ。ぼくがやっていることには「実体のある意義」があるんだ、と。

離島で暮らすのでもない限り、あなたに刻み込まれた家族や文化の価値観は、あなたの成功を測る上で決定的な役割を果たす。カート・ティムケンのように、成功を自分で定義するには、家族や文化の価値観をどう取捨選択するかを考える必要がある。

そこで重要なのは覚悟だ。夜通し寝付けなくなるような不安と闘い、常識的な道に戻るよう勧める善意の助言者と闘いながら、忍耐強く、一歩一歩前に進んで行かなくてはならない。

◉——家族は文化の虫めがね

自分にとっての成功を見つける旅では、通過儀礼として家族の期待に立ち向かわなくてはならない。たとえあなたの家族が理解のある、あなたの自主性を尊重する家族だとしても、あなたはさらに一歩進んで、〝自分を育ててくれた人を喜ばせたい〟という、しごく当然な願望を打破しなくてはならない。

テニス界のスーパースター、アンドレ・アガシの話をしよう。彼の父マイク・アガシは、息子が拳を握れるようになるのとほぼ同時に、ラケットを握らせた。そしてアガシが7歳になる頃には、1日2500個のボールをネットに引っかけずに打つよう指示した。1週間で1万7500個、1年でほぼ100万個。「年に100万個のボールを打つ子は無敵の子となるだろう」と父は予言した。

アガシは、父の望みを叶え世界一になるわけだが、そのすべてを、自分が自分でないような感覚でやっていた。自叙伝（『OPEN』邦訳・ベースボール・マガジン社）には「生活の糧としてテニスをしている」と書かれている。「僕はテニスが大嫌いで、その暗い秘密の感情が常に心の中に存在する」と。

初めてウィンブルドン選手権大会で勝った後、アガシは悟った。「優勝は何も変えはしない」彼はこう言っている。僕がテニスをしたのは、それがやり方を知っている唯一のものだから、と。

アガシは最後の最後に、自分の人生を取り戻すことができた。最初の妻となった女優のブルック・シールズと、2番目の妻、テニスのスター選手、シュテフィ・グラフとの関係を通じて。ブルック・シールズはアガシの目を問題の根源に向けさせた。アガシが誰かと、永続的な関係を持てるようになるには、その前に自分の中の悪魔をどうにかしないといけなかった。それができるのはアガシ本人だけだ。彼は彼女の言うことを信じた。

一方シュテフィ・グラフは、世界でたった1人、アガシの世界を内面から理解できる人だった。彼女の父はアガシの父と同じくらい負けず嫌いな人物であり、彼女自身もオリンピックの金メダルと4大国際大会を制覇。アガシと同レベルにある唯一の女性選手だった。

アガシが自分の人生を取り戻したと言える象徴的な出来事が、2006年、ニューヨークのUSオープンで起きた。それはプロテニス選手としての最後の試合だった。アガシは背中の痛みに苦しんでいた。足を引きずらないと歩けない。それでも彼はこの最後のトーナメントでプレイすると決心していた。たとえ勝利を手にできないとしても、誇りを手にコートを去りたかった。彼は、若かりし頃、父にスポーツマンシップ賞のトロフィーを壊されたことがある。父にとって、フェアプレーやスポーツマン精神を讃える賞など、むしろ屈辱だったのだ。しかし大人になったアガシは、ある意味この賞を取りたかったのである。

アガシがコートに向かって進んでいくと、物影から男が飛び出してきて腕をつかんだ。父だった。その頃父はプロのテニススカウトマンをしていて、多くの時間をアメリカ国外で過ごしていた。2人が顔を合わせることはめったになかった。

「やめるんだ」父が迫った。父は、怪我を負いながらプレイする息子の姿を見ることに耐えられなかった。息子に試合を棄権してほしかったのだ。アガシは父をかわして歩き去った。

「すまない、父さん」彼は言った。「やめるなんてできないよ。やめてしまったら、これは終わらないんだ」

アンドレ・アガシはついに、自分の人生を生きた。自分自身のプロの基準と未来を手にして。

自分が誰で、何をしたくて、どんな人たちと付き合いたいかを見いだすために、必ずしも家族を拒否する必要はない。ただし、自分独自のアイデンティティを確立して、自分の目にかなった人生の目標を、自由に選ばなくてはいけない。

このステップを済ませるのが早い人もいれば、遅い人もいる。しかし、もし一生、家族が思い描く成功した人生に対して、自分で、自由に、情報に基づいた判断を下すことがないなら、本当に成功を収めることなどありえないのではないだろうか。

◉――成功依存症の〝餓鬼〟

外から与えられた成功にとらわれると、どんなことが起きるのだろうか？

マスメディアが示す成功のイメージとは「名声と富」だ。だから、曖昧な自己像を強化するためだけに、名声や富を求め続けると、成功中毒者〝餓鬼〟になってしまう可能性がある。いくつか例を挙げてみよう。

名声の誘惑

比較的最近の話である。社会運動家であり、ベストセラー『スリー・カップス・オブ・ティー』（邦訳・サンクチュアリ出版）の著者でもあるグレッグ・モーテンソンが、危機に直面した。「モーテンソンと、彼の設立した中央アジア研究所は、アフガニスタンの女児たちへ教育機会を提供する事業について、真実をありのままに伝えているかどうか疑わしい」と人気ドキュメンタリー番組『シックスティー・ミニッツ』で放送されたのである。

作家ジョン・クラウカワーは「モーテンソンは人生ストーリーをでっち上げ、アフガンの学校の建設数を水増ししている。また、慈善金を何十万ドル（何千万円）も抜き取って、世界各国を旅する作家としてのライフスタイルの資金に流用した」と断言した。

モーテンソンは後に、本の中で事実を偽ったことを認めた。その後の調査で、彼が業績数を偽装していたことが確認されている。

モーテンソンの話は、すべての人にとって良い教訓である。デューク大学のダン・アリエリーは著書『ずる：嘘とごまかしの行動経済学』（邦訳・早川書房）で以下のことを明らかにした。特定の状況下においては、誰もが嘘をつこうとたくらむ。特に、小さな嘘であるとき、その問題に強い関心を持っているとき、他の人がばれずにうまくやっているのを見るとき、たまたま優れた正当化の才能を持っているときなどだ。

モーテンソンの場合はこの最後の要素が一因となったのだろうが、それでもなお、わたしは信じられないと思ってしまう。たくさん良いことをしてきた彼が、その功績をほんの少し大きく見せるためだけに、すべてを棒に振るとは。

わたしは名声と富の力をみくびっていた。それは善意にあふれた人にさえ影響を及ぼす可能性があるのだ。モーテンソンは名声の毒牙にかかってしまった。注目されればされるほど、もっと注目されたくてたまらなくなったのだ。どれだけ注目されても〝もう十分、これ以上いらない〟という状態になることはなかった。

『みんなの進化論』（邦訳：日本出版放送協会）の著者でもある生物学者デイヴィッド・スローン・ウィルソンによると、世界で身近に見られる餓鬼が増えつつある責任は、マスメディアにある。ウィルソンはこう批評したことがある。人間には注目欲があるが、かつては小規模なコミュニティーである程度名を上げられれば、それで満足できた。しかし世界規模のメディアが発達し、その文化がますます名声をあおるにつれて、セレブ願望が高まっている。「名声欲は病的な様相を帯びてきた」と彼は言っている。

モーテンソンの例は特に悲惨だ。自ら、自分の慈善活動を妨害するようなことをしていたのだから。

あなたがもし、成功とは名声を得ることだという考えに誘惑されたら、2つの質問を自分になげかけてほしい。

まず1つ目。一体どれだけ称賛を得れば、本当に「有名」になれるのだろうか？

いつの時代でも、相当有名な人ですら、世界的に見ればほんのわずかな人にしか知られていないものである。伝説的ロックバンドU2のボノでさえ、例えば中央インドの村ではほとんど知られていない。もし名声を目標とするなら、いつまで経っても有名にはなりきれないのだ。禁断症状は苦しいものだ。中毒になる前にそのことを考えてほしい。

2つ目。誰しも、永遠に有名なままでいることはない。ウェブサイトChina.org.cnでは、中国史上の〝皇帝トップ10〟を載せているが、あなたはその中の1人でも名前を挙げられるだろうか？　皇帝たちは何百万もの人々を支配していたわけだが、あなたがたまたま中国史を専攻しているのでない限り、彼らの名前などどうでもいいことだ。

富の誘惑

名声がはかないものであるなら、富はどうだろうか？　誰もが、お金の心配をしている。ある日目覚めてお金がまったくなかったら、それはまさに非常事態だ。

そもそもアメリカン・ドリームといえば、金持ちになることを意味する。どこかにまだ知られていない富が眠っているという夢物語は、成功物語の定番だ。多くの新興経済国、特にブラジルやロシア、インド、中国などにおいても、それが夢の選択になりつつある。

しかし、富は名声と同じくらい中毒性がある。富を求める〝餓鬼〟の、印象的な実例はウォール街でたくさん見つかる。

ウォール街における史上最大規模のインサイダー取引集団は、スリランカ人のラジ・ラジャラトナムという名のヘッジファンド・マネージャーの有罪判決を受けて解体した。ラジャラトナムは、不法な株式情報に基づいて取引をし、優に10億ドル以上の資産を保有していた。

彼がインサイダー取引に興じていた頃の側近の中に、資産1億ドル以上の億万長者がいたが、同じく有罪判決を受けている。その人の名はラジャット・グプタ。誉れ高いグローバルコンサルティング企業、マッキンゼー・アンド・カンパニーの前代表である。

この2人の会話の盗聴記録により、彼らの動機が明らかになっている。どうやらグプタが、世界最大級の未公開株式投資会社KKRの役職を熱望したようだ。2008年8月15日に録音された電話の中で、ラジャラトナムは別の共謀者にこう言っている。

「グプタはKKRに入りたがっていると思う。10億ドル長者《ビリオネア》が経営する会社の仲間になりたいんだよ……KKRに入れば、汗水垂らして働かなくてもあと5年か10年の間に1億ドル稼げるチャンスだと思ってるんだろう」

ラジャラトナムもグプタもお金には困っていなかった。しかし、2人とも「10億ドル長者の会社」に入りたいという願望にとりつかれていた。2人がインサイダー取引に手を染めたそもそもの目的も、お金ではなくステータスを得ることだったのだろう。〝世界レベルで上位に入る金持ち〟という成功を熱望し、彼らは富を求める餓鬼になった。しかし、成功探しの冒険は、2人を連邦刑務所に導いた。

世の中には、「金銭は諸悪の根源」だと、聖書を誤って引用する人が多い。しかしお金そのものに問題はない。誰だってお金が必要だし、みなその大切さを分かっている。

新約聖書の「テモテへの手紙1」を原文通り正しく引用すると次のようになる。「金銭欲・は諸悪の根源」人は、お金でステータスを得ようと考えたときから、金銭欲に捕らわれるようになる。社会的認知を得るためにお金を求めてはいけない。お金は請求書の支払いに使うものである。

◉──地位・名声・富に代わる目標とは?

地位、名声、富を目指す代わりに、どんな目標を持てば、正しい成功への道から逸れずに歩いていけるのだろうか?

「成功の授業」の生徒J・J・フリーゲルマンが、この質問にとりわけ鋭い答えを示した。「人が〝名声と富〟の罠に落ちるのは、間違った種類の尊敬に夢中になるからだ。その類の尊敬を、哲学者スティーヴン・ダーウォルは〝認知的尊敬〟と呼んでいる」と彼は言った。

「認知的尊敬」とは、人が、あなたのことを知らないにもかかわらず、特別な存在であるかのような態度で接してくるときに湧き上がる、あの感情である。それは綿菓子のように甘く、手っ取り早く快感を与えてくれる力はあるが、とどまる力も実体も一切ない。

ダーウォルはこのタイプの尊敬を、〝より深くより実質的なタイプの尊敬〟と対比させた。わたしはそれを「情報に基づいた尊敬」と呼んでいる。

「認知的尊敬」と「情報に基づいた尊敬」

2人の例を挙げて考えよう。その2人はどちらも同じぐらい大富豪だ。

1人目は裕福な相続人。相続したお金で資産家の令嬢のような暮らしをしている。ショッピングをし、パーティーで写真に写り、新聞の文化面をながし読みして自分のことが書かれていないか探す日々。2人目は、自分で道を切り開こうとする起業家で、財産のすべてを創意工夫と努力で稼いだ。

2人が高級リゾートホテルに行くと、富裕層として同程度の「認知的尊敬」を受け、もてなされるだろう。

1人目の相続人にとって、「認知的尊敬」は重要である。彼女の自尊心は認知度に支えられているからだ。リゾートスタッフが犯したほんの些細な過ちでさえ、彼女の機嫌を損ねる。彼女は、彼女が裕福な資産家だという理由で敬意を示す人に、自分を取り囲ませるだろう。

2人目の起業家は、ホテルスタッフに丁寧に扱われることに感謝するが、社会的認知で自尊心を保っているわけではない。彼女にとって大切なのは「情報に基づいた尊敬」つまり、才能や業績を正当に認めてくれる人たちから受ける尊敬である。

「情報に基づいた尊敬」は、「認知的尊敬」に代わる、より健全な目標だ。それは自分で勝ち取った敬意であり、心のこもった敬意でもある。

有名人やセレブは「認知的尊敬」の象徴だ。グレッグ・モーテンソンに話を戻すと、彼は、アフガニスタンの女子教育に関心のあるコミュニティーから受ける「情報に基づいた尊敬」を犠牲にし、代わりに大衆からの「認知的尊敬」を得ようとした。哀れな取引である。

同様に、カール・ボルチの弁護士の〝人生で得たのはただもっと「パイ」を食べる権利だけだった〟という言葉には、〝自分はずっと認知的尊敬が得られるステータスを追っていたのだ〟という実感が表れている。彼の新しい人生が始まったのは、有名な法律事務所をやめ、減給を受け入れ、起業家精神あふれるチームに参加したときだった。

認知的尊敬と、情報に基づいた尊敬の違いが理解できれば、〝自分は間違った目標を追っているのではないか〟と気づける可能性がある。

富の代わりに求めるべき目標とは？

名声の代わりに求める価値のある目標が「情報に基づいた尊敬」だとすると、富の代わりに求めるべき目標は何だろうか？

わたしは経済的安定を目標にするのが良いのではないかと思う。さらに、自分と家族が安心して暮らせる額以上のお金を手にすることになったら、そのお金をいくらか手放してみるとよい。「自分は成功者なのだ」という感覚をもっと大きく育てることができるはずだ。

アメリカ史上一の大富豪、鉄鋼業の大御所アンドリュー・カーネギーは若かりし頃こう書いた。「この世にある崇拝の中で最も価値がないものは、金に対する崇拝である」

カーネギーの意欲と実行力は、彼に巨万の富をもたらした。若者らしく金嫌いだったカーネギーは、後年、計画的に多くの財産を手放すことで自尊心を取り戻した。たくさんの志《こころざし》を支援するため、全米の市町村に何百もの図書館を建設したのである。

彼は、著書『富の福音』（邦訳：きこ書房）で、企業の社会的貢献活動を推奨しており、その本は、マイクロソフトのビル・ゲイツや、バークシャー・ハサウェイのウォーレン・バフェットといった人々に今なおインスピレーションを与え続けている。

おそらく、あなたはその人たちほどの財産は持っていないだろう。しかし自分が信じる大義につながる活動に、資産を少しでも投じてみれば、人生がこんなにも豊かになることがあるのかと驚く結果になるはずだ。

さて、この章の最後に、あなたに挑戦してもらいたいことがある。章の冒頭で予告した「想像力」テストだ。わたしはそれを「宝くじの演習」と呼んでいる。問題は以下の通りだ。

お金の先にある人生のセルフチェック

100億円の宝くじ

あなたが1億ドル（100億円）の宝くじに当たったとする。自分と近親者が安心して暮らせるように相当のお金を確保しても、なお数百万ドル（数億円）が残る。あなたは永久にお金持ちで有名人だ。あなたはこれからの人生をどう過ごすだろうか？

100億円を手にしたら？

この質問とまったく同じ状況に直面したある人が、実際にどう対処したか見てみよう。

わたしは成功の研究の一環として、宝くじ当選者の情報を保管している。新聞をパラパラめくっていたとき、ある見出しに目が留まった。その見出しとは、ずばり「1億1200万ドルの女」である。そこには、シングルマザーで元事務員のシンシア・スタフォードという女性が、カリフォルニア宝くじで1等の1億1200万ドル（112億円）を当てた経緯が書かれていた。それは心温まるストーリーだった。

スタフォードはそれまでずっと低賃金の仕事をしながら、5人の甥と姪を育ててきた。彼女の弟が自動車事故で亡くなったので、養子にした子たちだ。間違いなくお金を必要としていたそんな状況でスタフォードは無一文から大金持ちになり、無名の人から有名人になったのだ。

意外にも、インタビューでスタフォードは「こうなると思っていました」と言った。ロサンゼルスの自宅で記者に語ったものだ。「単にうまく想像できるかどうかの問題なんです」

請求書の支払いに追われる日々の中、彼女は夜、ある想像をしながら眠りについた。112という数字の後ろに「たくさんの0が並んだ」当たりくじを手にしている自分の姿。彼女はこのイメージを高めていき、心の目でどんな細かい部分も見られるまでになった。当選時は黄緑色のブラウスを着ているだろうということまで。

彼女は、何もかも、ブラウスさえも、想像していた通りだったと言った。当選が分かったときは、「しばらく無言のまま固まっていました。だって、精神力がどんなに強力な効果を発揮できるか、証明されたわけですから。それからわたしは叫び声を上げて泣き出したんです」お金を全部使い果たしたらどうなると思いますか、という質問に対し、彼女は「もう一度想像して、同じことを起こすだけです」と答えた。

当選をきっかけに彼女は2つのものを得た。第一に、彼女は正真正銘のお金持ちになった。第二に、彼女はある本とともに、あっという間に有名になった。彼女は、ロンダ・バーンの2006年の超ベストセラー『ザ・シークレット』で提唱されている法則を、実際に効果があると証明した。そう何百万もの人々が考えたのだ。

バーンと彼女の仲間である成功の指導者たちは〝思い描けば達成できる〟という手法を「引き寄せの法則」と呼んでいる。心に強く思い描きさえすれば何でも人生に引き込むことができる、愛されていると思えば愛される、大金を稼ぐと思えばそうなる、と彼らは提唱している。

スタフォードは、「引き寄せの法則」の恰好の手本と言えた。

スタフォードは「引き寄せの法則」を実証した成功者として、いくらでも「認知的尊敬」を利用できる立場に立ったにも関わらず、別の道を選んだ。まず、自分の想像力のエピソードを吹聴するのをやめ、5人の甥と姪のために、教育信託基金を創設した。

そして、「引き寄せの法則」のカリスマになることなく、ずっと関心を抱いていた分野に投資しようと決めた。こどもの頃、母に連れられて芝居や美術館に行ったことがあったが、芸術がいかに自分の人生の視野を広げてくれたかを、彼女は認識していた。そして教育予算の削減によって学校の美術教育が形骸化していることに心を痛めていたのだ。

この確かな思いを胸に、彼女はドリームワークスの共同設立者デヴィッド・ゲフィンとの関係を築き、彼の建てた劇場「ゲフィン・プレイハウス」に多額の寄付をした。

彼女は劇場の取締役会の一員となった。そしてゲフィン・プレイハウスのイベントとして「恵まれた日」を主催し始める。ロサンゼルスで最も財政の厳しい地域や学校の生徒に、生の演劇制作の現場の舞台裏に行くチャンスを提供するのだ。さらに、地元の老人ホームの入居者にも声をかけて来場してもらい、若者とお年寄りが交流できるようにした。

彼女は自身のウェブサイトで、次のように自己紹介している。「起業家、慈善家、トーク番組司会者。特別な支援を必要とするこどもたちと女性の権利を守る企画に力を注いでいる」と。さらに彼女は価値あるプロジェクトを探し求めてアフリカ数カ国を旅し、見事な活躍を見せた女性に贈られる「リマーカブル・ウーマン・アワード」を受賞した。

〝宝くじの演習〟に対する彼女の答えはこうなるだろう。

・まず、自分の愛する人たちを大切にする

・次に、本当に情熱を燃やせることを選んで、それに時間と資金を投資する
・最後に、たどり着いた場所を確かめ、新しい人間関係を築く

「今の自分がわたしにはちょうどいいと思っています」とスタフォードは『ハフィントン・ポスト』で語っている。「わたしの生活は、(宝くじ当選前と比べて)ほとんど何も変わっていません。ただ、心からやりたいことをやるためのリソースが、前より増えただけです」

スタフォードは「認知的尊敬」に背を向け、自分の道を見つけたのだ。そして、ロサンゼルスのコミュニティーから「情報に基づいた尊敬」を得られるよう行動した。

もしあなたが100億円の宝くじに当たったら、こんなふうに見事に対処できるだろうか？

最後に

外部から刷り込まれた価値感に基づいて成功を定義してしまうことが、いかに多いか分かったはずだ。

あなたは、見栄えのする職歴や肩書きを集める競争に巻き込まれていないだろうか？　学歴や社名、役職などの〝パイの大食い競争〟で勝つことに、何の意味があるのだろうか？　勝っても、もらえるのはもっとパイが食べられる権利にすぎないというのに。

ハーバード・ビジネススクールでＭＢＡの学位を取得した警察官、カート・ティムケンのような人は、わたしたちに新しい方向を指し示してくれる。ティムケンは、企業の出世コースから身を引いた。そして、小さなコミュニティーから「情報に基づいた尊敬」を勝ち取った。そのコミュニティーは彼の日々の働きの価値を分かっている。

アンドレ・アガシの話からは、スーパースターでさえ、親の夢の奴隷にすぎない可能性があることが分かった。ティムケンもアガシも、自分で成功を定義することで、壁を打ち破った。

あなたは、宝くじで大金を当てた後どう生きるかを考えることで、より深い真の目標について考えたはずだ。そこで描いた道へ一歩を踏み出すために、宝くじを当てる必要はない。

今日から始められることはないだろうか? 小さくても構わない。自分から新しい組織に参加したり、新たなスキルを身につけるために習い事を始めたり、己の信じる大義のために寄付したりできるのではないだろうか? 答えがイエスなら、ぜひとも実行しよう。そのステップが引き合わせてくれた誰かが、あなたの人生を変えることになるかもしれない。

第3章のポイント

家族と文化の価値観を把握しよう

成功を、職業上の地位や、富、名声と同一視する人が多い。しかし、ほとんどの人は、これらの目標についてあまり真剣に考えたことがない。与えられるままに受け入れただけだ。自分の成功の定義について考える際、その事実を忘れてはいけない。

(1) 他人の夢を生きているなら、成功することはできない。自分のアイデンティティは固まっているだろうか?

(2) 地位、名声、富そのものを追い求める人は、けっして満たされることがない。そのような哀れな餓鬼に成り下がってはいけない。

(3)「富と名声」の定義の代わりに、目指すに値するものが2つある。「経済的安定」と、自分をよく知る人からの「情報に基づいた尊敬」である。

第4章

成功とは「やりがいのある仕事」

合わない仕事をしていられるほど、人生は長くない

——ドイツの就職情報サイトのキャッチコピー

ロバート・チェインバースは、ニューハンプシャー州レバノンの自動車販売代理店でインターネット販売部長をして5年になる人物だ。たとえ売り場で忌まわしいビジネスが繰り広げられていても、見て見ぬふりをする。それが、この5年で彼が学んだ正気を保つ術だった。しかしこの日、彼はどうにも見過ごせない光景を目撃してしまった。

ちょうど店に「田舎者《ウッドチャック》」（農村部出身の顧客のことを営業スタッフはこう呼んでいた）が入ってきて、販売員に声をかけられている。チェインバースは自分のデスクで、話に聞き耳を立てた。顧客は僻地の森林地帯住まいなので、信頼できる自動車がないと仕事にならないという。

成り行きを観察するにつれ、チェインバースの心には嫌悪感がこみ上げてきた。巧みな販売テクニックが次々に展開されたからだ。それは、考え得る限り最大の利益が会社にもたらされるよう、そしてその利益が販売員に還元されるように計算されていた。

販売員はまず、新車よりも中古車が得だと説得した。これには理由がある。販売代理店は、1000ドル（10万円）もあればそこそこの走行距離の中古車を下取りできる。その他にかかる経費は、車検と高光沢塗装で500ドル（5万円）。販売価格は5000ドル（50万円）。つまり1500ドル（15万円）の支出に対して3500ドル（35万円）の利益が出る。

ところが新車では、2万ドル～3万ドル（200万～300万円）の支出に対して2000ドル（20万円）以下の利益しか出ない。

販売員は顧客をある自動車に注目させた。その週、店が1000ドル（10万円）の販売手数料を上乗せしている車だ。こうしたボーナスは、販売員の意欲を引き出すために設定される場合もあれば、ポンコツ車を手っ取り早く売るために設定される場合もある。今週は後者だった。チェインバースは後にこうコメントしている。「自動車業界は販売テクニックを100年以上かけて磨き上げています。顧客に試乗させ、気に入らせ、契約させ、その車で帰ってもらえるように」

販売員が男性を事務所に案内し、男性が貯金を切り崩すときが来た。チェインバースは知っていた。男性がそこで〝魅力的なローン〟を提案される手はずになっていることを。そのローンは、割が良いように見えるが、実は高金利の時限爆弾だ。いずれ爆発し、顧客の個人信用を大破させかねない。

さらに数分後、営業部長はローンに加えて、高額な保険の契約も取り付けた。ただでさえ儲けの大きい取引に、1500ドル（15万円）以上の利益と販売手数料を上乗せしたのだった。

顧客は購入した車に乗って去っていった。彼がいなくなるやいなや、営業部長と販売員はハイタッチしながら事務所から出てきた。

チェインバースはそのとき、予想外の感情を抱いている自分に気づいた。激怒である。人は自分の仕事に幻滅したとき、徐々に自分自身にも幻滅していくのだと悟った。

「その男性が車で走り去っていくのを見ました。1年以内に壊れる運命の車だと言うのに、男性は5年ローンを契約していた。そんなことをさせる人の気が知れない。1週間後わたしは仕事をやめました」

その日チェインバースは、目撃した出来事に2つの意味で憤慨した。

もちろん、不正としか言いようがない販売行為には、はらわたが煮えくり返った。しかし、システムエンジニアの視点から見ると、それは「システム設計上の不具合」とも考えられた。つまり、貧しい労働者階級の人々が生活必需品である自動車を買う際のシステムに問題がある。彼らは高金利の自動車ローンを組まされて、借金に追われることになる。販売代理店は儲かり、貧乏人は貧乏のままというわけだ。

そんな彼の怒りと洞察は、あるアイデアを生み出した。ニューハンプシャーの住人向けに、新しい自動車購入システムを作ってみよう。そう彼は決心した。

彼はモア・ザン・ホイールズと呼ばれる非営利組織を設立し、1年間必死でかけずり回って、運用開始に必要な銀行、資金提供者、財団支援を揃えた。

彼のコンセプトの柱は、簡潔そのものだった。一定の基準を満たした顧客に対し、新車購入手続きと同時に、低コストの銀行ローンと、お金に関する個別カウンセリングを提供する。

創設以来、モア・ザン・ホイールズが融資した自動車ローンは数千万ドル(数十億円)にのぼる。チェインバースの考案した販売システムは金融業にも恩恵を与えてきた。なにしろ彼の顧客はきちんとローンを返済するのだ。

チェインバースがホワイトハウスに招待され、オバマ大統領と会うことになるまで、そう時間はかからなかった。そこで彼は他の社会起業家たちとともに、アメリカ中流階級を救う革新的な方法を、大統領とその経済財政担当者たちにアドバイスしたのだった。

◉―――成功の内面的側面　やりがいのある仕事とは？

第2章で〝知の天使〟と名付けた男性の話をした。「わたしが思うに、幸福の意味はたった3つ。健康、やりがいのある仕事、愛。それさえあれば幸せですよ」という彼のコメントにわたしは刺激された。

特に「やりがいのある仕事」というのはわたしにとって新しい発想だった。それ以来ずっと「やりがいのある仕事」について研究している。

この章では、あなたが「やりがいのある仕事」と成功の関係について自分なりの結論を出せるよう、構成を吟味してある。

まず、以下の節で、3通りの職業の捉え方を概説する。労働、キャリア、天職の3つだ。それを読めば、ごく平凡な仕事から得られる恩恵のありがたさが分かるだろう。そのごく平凡な仕事を認識してから、やりがいのある仕事という概念を明らかにしていこう。

次に、単なる労働やキャリア以上の仕事の概念を築く土台となる、7つの具体的な〝基礎〟

について考えてみる。その基礎は、7つそれぞれの頭文字を取ってPERFECT《パーフェクト》と表すことができる。

・P：個人の成長と発展（Personal growth and development）
・E：起業家的独立性（Entrepreneurial independence）
・R：宗教的または精神的アイデンティティ（Religious or spiritual identity）
・F：家族（Family）
・E：アイデア・発明・芸術を通した自己表現
　（Expressing yourself through ideas, invention, or the arts）
・C：コミュニティー（大義に身を捧げ、支援の必要な人々を助ける）
　（Community-serving a cause, helping people in need）
・T：才能を磨く努力（Talent-based striving for excellence）

この章の最後で「今のあなたにとってやりがいのある仕事とは何なのか」その定義を作り上げてもらう。あなたは、今の仕事にもっとやりがいを見いだす方法や、今より深い目的意識を与えてくれる別の仕事を目指す方法を手に入れられるはずだ。

成功という概念は仕事を超えた概念かもしれない。しかし自分にとって意味ある仕事をすることが、成功に向かう重要なステップであることは間違いない。

◉——あなたの仕事は、労働、キャリア、それとも天職？

ではまず、あなたの今の（あるいは最近までやっていた）仕事について分析してみよう。イエール大学教授エイミー・レゼスニエウスキー率いる調査グループは、2つの組織で働く196人の従業員を調査した。大規模な州立大学の保健職員と、小規模なリベラル・アーツ・カレッジの事務職員だ。調査対象者の年齢、権限、所得水準は広範囲に及んだ。調査目的は、彼らが自分の仕事をどう捉えているか明らかにすることである。

調査により、仕事の捉え方と、その仕事をする理由には、3つの異なる表現方法があることが分かった。しかも、答えはほぼ3分の1ずつに分かれた。

以下の3つの説明を読んで、どれがあなたの仕事に一番近いか、チェックしてほしい。なお、答えを1つに絞る必要はない。実際の調査でも、「非常によく当てはまる」と思うものを複数回答することができた。

労働

自分の仕事を、主に給料を得る手段と見なし、仕事とは関係のない私生活を支えるために働いている。人生で大切なことは、家族、友達、余暇活動、趣味。雇用者に対する忠誠心は皆無である。

仕事を、昇進するための足がかりとは見ておらず、仕事をおもしろいと思うこともほとんどない。一番楽しみな日は、休日だ。年配の労働者の場合は、定年を心待ちにしている。

キャリア

自分の職場を、専門的職業（医者、弁護士、会計士）や、技術領域（文章力、マネジメント、ITスキル）、あるいは組織の階級（組合、病院、大学）などの修練の場と考えている。そして今の仕事は、より高い職責、より高い給料を得るための地道なプロセスの1つと捉えている。彼らにとって、仕事は「未来の自分」を約束してくれるものだ。

若手従業員の方が仕事をキャリアと捉える傾向が強くなる。それに対し、同じ職種の年配従業員は労働と考える傾向が強くなる。

天職

このカテゴリーに属する人は、自分がその仕事に携わっていることを幸運だと思っている。なぜなら仕事は、自分にとって何か重要なものの反映だからだ。あるいは、仕事が、自分にしかない、個人的な価値観を表現するチャンスを与えてくれるからだ。

自分の仕事を天職だと捉える要因は、その仕事が高い職業的満足感と自尊心を与えてくれていると感じることにある。天職に携わる人々は残業代なしで長時間働くことをまったく厭わない。そして定年にはほとんど興味を示さない。

レゼスニエウスキー教授は、長期間キャリアとしての仕事に携わることと、仕事のやりがいとの関連性について、興味深い結論を出している。仕事を〝労働〟と見なしている人が、それをやりがいのある仕事だと見なすことはまずない。それに対し、〝キャリア〟と見なしている人は、それをやりがいのある仕事だと見なすことは比較的多い。

調査が行われた大学では、この〝キャリア人〟の多くは修士以上の学位を必要とする比較的高い給料をもらう地位にいた。しかし、この先を読み進めれば、職種や地位に関係なく、どのキャリアも大きなやりがいをもたらす可能性があることが分かる。

一生かけて取り組める情熱をかきたてられる仕事を見つけたら、思い切って挑戦してみることだ。実際に、そのようにして天職を見つけた人たちの話を第5章で見る。

とは言え、本章で紹介する例を読むうちに、仕事のやりがいを見いだすには様々なルートがあることも分かる。「たった1つの本当の天職」を見つけようとするあまり、価値を生み出し満足感を与えてくれるその他の仕事を拒絶しないでほしい。

成功は固定的な、1回きりのプロセスではない。動的なものだ。行動し続け、その過程で学び、旅で得た気づきに素直に耳を傾けていけば、成功は後からついてくるものなのだ。

やりがいを生み出す「深い感情的な体験」

比較的地位の高い職員の方がやりがいを感じているという結果を受け、レゼスニエウスキー教授とその調査グループは1つの疑問を抱いた。最底辺の地位や給与ポジションにいる人は、仕事を〝単なる労働〟と考える傾向があるのだろうか？

この疑問を調査するため、彼らは事務補助に従事する24人の被験者を抽出し、アンケートの回答を比較した。意外なことに、答えは以下のように割れていた。仕事を〝労働〟と考えている者が9人、〝キャリア〟と考えている者が7人、〝天職（やりがいのある仕事）〟と考えている者が8人。

対象数が少なく、また被験者は比較的ストレスの少ない大学組織から抽出されたものではあるが、そこから見えてくることは明白だ。3つの差は、仕事の内容によるものではなく、仕事に対する姿勢によるものだ。つまり、絶対的、客観的な意味での、「やりがいのある仕事」対「単調な仕事」の一覧表など存在しないということだ。

一体何が、事務補助をやりがいのある仕事だと思わせているのだろうか？　それを単なる給料稼ぎと見なしている人もいるというのに。この調査ではこの疑問について調査されていない。しかし後に検討するPERFECTモデルが答えを提示してくれるだろう。

この疑問にまったく異なる方向から光を投げかけた、もう1人の研究者ポー・ブロンソンをここで取り上げたい。彼は、著書『このつまらない仕事を辞めたら、僕の人生は変わるのだろうか?』(邦訳・アスペクト)を書くため、仕事にやりがいを求めた人々の話を900件以上収集し、その中から53件について徹底的な取材を行っている。

ブロンソンは2つのことを発見した。

第一の発見は、レゼスニエウスキー教授の調査結果を裏付けるものだった。つまり、同じ仕事であっても、見る人によってその見方はまったく異なるということだ。例えば、ある聖職者は仕事にうんざりして、自分はうわべだけの聖職者だと感じている。その一方で別の聖職者は、神に仕えることがこの世で最もやりがいのある仕事だ、と公言している、といったことだ。

第二の発見は、〝自分の仕事は最もやりがいのある仕事である〟と考えている人たちの話には共通点があるということだ。その人たちはたいてい、モチベーションを与えてくれる具体的な体験があることを指摘している。

ブロンソンは、彼の調査結果を、本の結論の中でこのようにまとめている。「以前はある種の〝かっこいい〟仕事が、情熱を呼び起こしやすいのだと考えていた。今は、情熱とは深い感情的な体験に根ざすもので、仕事の種類には左右されないことを知っている」と。さらに、その本の53件のストーリーを読めば、彼がその文にこう書き足せたかもしれないということも分かる――「そして、仕事への情熱は、年齢にも左右されない」と。

◉――仕事にやりがいを与えるストーリー

仕事のやりがいが、仕事の種類や年齢には左右されないことを、次のような例えで説明したい。病院の廊下で、低賃金の清掃員が来る日も来る日も床を磨いているとしよう。たいていの人にとって、これは退屈で代わり映えしない仕事かもしれないが、この清掃員はやりがいのある仕事だと考えている。なぜなら、彼は、彼のたった1人の幼子ががん治療を受けている場所や、その治療に携わる医療スタッフのオフィスも掃除しているからだ。

このように考えると、仕事のやりがいを見つけるために問いかけるべき質問は（「どんな仕事をすればいいか?」ではなく）「自分と仕事を結びつけ、仕事にやりがいを与えてくれる記憶、経験、情熱、価値観、ストーリーは何か?」なのだ。

そのような記憶や経験を作るために、意識的に伝統的な通過儀礼を設けている職業がある。例えば医学生には「白衣式」がある。病院の臨床研修に入るにあたって、年配のベテラン医師に白衣を着せてもらうのだ。それと併せて倫理綱領《こうりょう》が朗読されることも多い。

看護師たちには同様の「ナースキャップの載帽式」がある。それが看護学校の卒業生たちに、自分の担うプロとしてのアイデンティティを思い出させるのだ。

特殊な専門職とはまったく縁のない人でも、志を思い出させてくれる個人的な〝お守り〟を大切に持ち歩いていることがある。

ある学期の「成功の授業」でチャールズという名の生徒がわたしに自分の〝お守り〟を見せてくれた。彼はそれを見て、より大きな目標、やりがいのある仕事のゴールをいつでも思い出せるようにしているという。

チャールズはジャマイカの労働者階級の移民の息子で、数々の小さな奇跡の末に、この名門私大8校〝アイビーリーグ〟の1つに行き着いた。何人かのクラスメートと同じく、大学卒業後は、高名なニューヨークのコンサルティング会社で働くつもりでいたが、究極の目標は、発展途上国の人々が経済的に豊かになるのを支援する仕事に就くことだった。

ニューヨークの〝富と名声主義〟の文化に入れば、この目標を心に留めておくのが難しくなると思い、彼は〝お守り〟という解決方法を考え出した。目標とする業界に入る日まで身につけると誓ったペンダント。それは、何年か前の夏、中米の貧困農村地帯の開発プロジェクトに参加したとき、現地のこどもが作ってくれたものだ。「自分が本当にやりたいことを覚えておくために、これを毎日つけると決めたんです」と彼は言った。

あなたの将来を考えるときに、やりがいのある仕事を探すヒントとなる「深い感情的な体験」がないかを考えてほしい。

チャールズのように、移民の家系という生い立ちから、発展途上国の人々のために経済状態の改善策を見つけようと思うようになるかもしれない。病気や事故で友達を失ったことに突き動かされて、医療関連の仕事や、人命に関わる安全上の欠陥を直す仕事などに身を投じるかもしれない。あなたの人生で特別な役を果たした教師に刺激を受け、同じように他の人に刺激を与えたいと願って、似た系統の仕事に足を踏み入れるかもしれない。

やりがいのある仕事の7つの基礎

「成功の授業」では、やりがいのある仕事の概念を説明するために、次のような、3つの円が絡み合った、シンプルな図を使う。

報酬が得られる仕事

実際には、多くの人がこの円だけの仕事をしている。

やりがいのある仕事

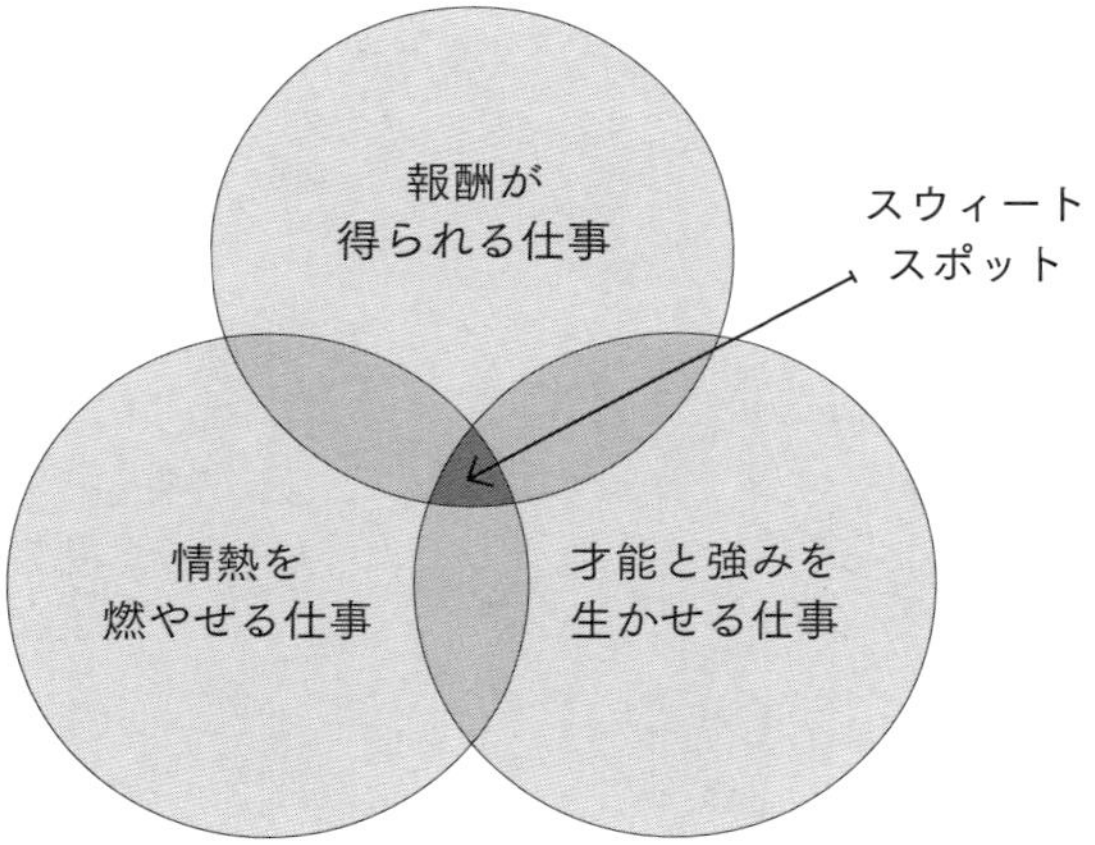

職業カウンセリングの専門家、カレン・バーンズは『USニューズ&ワールド・レポート』誌に、挑発的な記事を書いた。その題は「あなたが自分の仕事を愛さなくていい理由」。その記事によると、自分の仕事が〝大好きというわけではないが嫌いでもない〟という世の中の大多数の人たちは、とても充実した生活を送っているという。

請求書の支払いをし、こどもを育て、その土地での暮らしを楽しみ、地域のコミュニティーに貢献している。その上、ロバート・チェインバースが自動車販売代理店で目の当たりにしたような不健全な職場ではないなら、報酬以外にその仕事から以下のものを得ている。

・**社会的な身分**：人は仕事をして社会的責任を果たすよう求められる。「ご職業は？」

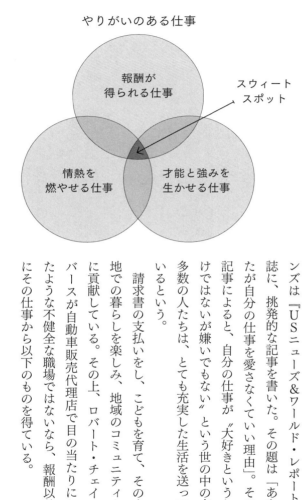

という質問に、あなたは誇りを持って答えることができる。

- **自尊心**：仕事では、必ずなんらかの成果が問われる。成功すれば、堂々と胸を張れる。
- **自立感**：お金を稼ぐことで、あなたは自分の足で立っていることになる。扶養家族がいるならば、彼らへの責任も果たすことができる。
- **社会との結びつき**：人間は社会的動物で、他者との関わりは基本的な欲求だ。仕事では、他者と交流し、関わることができる。
- **自己認識**：仕事では、それまでに経験したことのない予期せぬ問題にさらされる。自分が困難な出来事や敵対的な人にどう反応するかを観察することで、自分自身について何かしら学べるだろう。その学びは、あなたの人生の新しいエピソードになる。

仕事のこういったありがたさは、失業者の声を聞いてみれば、よく分かる。ある解雇された人事部長の言葉を借りれば、「仕事は人の一生そのものだ。その人が何者であるかを仕事が定義する。ある日突然それがなくなると、そのとたん、もはや何に対して誇りを持てばいいのか分からなくなる」のだ。

だから、今よりやりがいのある仕事を探す際には、ごくありふれた「お金のための仕事」からでさえ得られる、精神的恩恵を忘れないでほしい。

才能と強みを生かせる仕事

自分の才能を生かせる仕事を探すのは大切なことだ。しかし、たまたま得意だからという理由だけでそれを仕事にすることには、リスクも潜んでいる。例えば、優秀な従業員がとらわれてしまう「黄金の手錠」の問題である。

わたしが教えているビジネス・スクールの生徒はみなたいてい、定量分析の才能に極めて恵まれている。そして卒業後はその分析的才能と強みを生かせる、金融やコンサルティング、会計といった、給料の高い業界に落ち着くことが多い。

しかし卒業して数年経つと、これらの金払いの良い仕事には「もう飽きてしまった」と言ってくる生徒も多い。お金を稼ぐことができて、自分の才能を活かせる仕事をしているというのに、その仕事がつまらなくなってしまうのだ。

しかし、彼らはあまりに高額な給料をもらっており、それに依存したライフスタイルを送っているため、今以上に満足できる代わりの仕事を見つけられない。彼らは自分のキャリアに手錠をかけられているのである。

「報酬」の円と「才能」の円が重なった部分は、満足感を提供してくれることもあるが、同時に、あなたを袋小路に誘導する可能性もある。もしあなたが、報酬にとらわれるあまり、より大きな満足感とやりがいを求めることができなくなってしまうならば。

情熱を燃やせる仕事

通常の職業だけでなく、趣味や地域活動もこの円に入る。年金や福利厚生、高い給料といった手錠で仕事に縛り付けられている多くの人たちは、人生の満足感を求めて、給料目的の仕事から完全に隔離した場所で「情熱に関連する」活動をするものだ。

例を挙げよう。わたしはかつてリチャード・ライダーという自営業の大工の話を読んだことがある。ライダーは建築業者として働いているが、彼の情熱は趣味にある。

彼は、南北戦争の再現イベントを趣味にしている。そのため、1860年代前半アメリカの衣装や軍服を身につけて、仲間とともに、定期的にかつての戦場に結集する。

ライダーを引き合いに出したのは、彼がこの趣味の中で見つけた役割が、特殊技能を生かしたものであり、図の下の2つの円の共通部分に該当するからだ。

彼は南北戦争時代の死体防腐処理と葬儀を詳しく研究し、大工の腕を生かして本物の木製棺桶を作った。そして今は地元の図書館やコミュニティーでその専門知識を語り聞かせている。

彼は戦場では、精巧なテント式の葬儀場を設営するそうだ。それは北軍が行進中に使っていた形式の葬儀場で、自作の棺と、死体防腐処理の用具一式が備わっている。

彼は、南北戦争時代に行われていた死体処理の高度な技術について詳しく知りたいという人がいれば、誰にでも知識を伝授している。「妻がわたしに課した唯一のルールは」と、彼はある講演の後で記者にコメントした。「棺桶は家に置かないということです」

やりがいのある仕事

3つすべての円が交差する場所、中央の「スウィートスポット」は、最も継続しやすいタイプのやりがいのある仕事が見つかる場所だ。

この章の残りのページで、この場所にたどり着いた人の例をPERFECTモデルに沿って見ていく。それを読みながら考えてみてほしい。給料を稼げると同時に独自の能力も生かせ、かつ、精神的な強い満足感を生み出す仕事を見つけるには、何が必要なのかを。

やりがいのある仕事の基礎❶ 個人の成長と発展

ジャクリーン・カーンはデトロイト市教育委員で補導員を30年間務めた。彼女の仕事は、学校をさぼっている学生を街で補導すること。それは社会の利益になる仕事だったが、何かが欠けていた。「その仕事は好きでしたが、そこからそれ以上得るものは何もないと思っていました」と彼女は言った。

それでも彼女は十分な年金を受給できる勤続年数になるまで、その仕事にとどまった。「年金が欲しかったんです。医療保険も……経済的に安心できる目処がつくまで待ちました」

彼女は、在任期間をまっとうすると同時に、残りの人生でやりたいことに投資していた。2年制の夜間学校に通い、看護の準学士号を取ったのだ。退職の日には、看護学士の免状を取得していた。

目標は病院の集中治療班の一員になることだったが、その目標は、デトロイト病院の重症外傷センターで働き始めた50代前半に達成された。「看護職は四六時中困難な状況と戦わなければいけない。強くなければ務まりません」と彼女は説明した。取材を受けたのは60代半ばだったが、彼女はその仕事を変わらず愛していた。

「わたしはいまだに進化しています……毎日何か新しい、違うことができるチャンスを求めています……常に生き生きさせてくれる何かに携わっていたいのです」

ジャクリーン・カーンはこれまでの全人生を、人を支える職業に捧げてきたが、彼女が看護職をやりがいのある仕事だと感じる理由は、誰かのために尽くせるからというだけではない。その仕事が彼女の継続的な成長と進歩を測る手段を与えてくれるからだ。

ホーリー・ロビンソンがインターネット新聞『ハフィントン・ポスト』のエッセイで述べているが、「職は大学の講座のようなものだ。取ったもの1つ1つが新しい技能を教えてくれる。人生に対する新たな目線も提供してくれる。しかしそれらの職は永久的なものではない。ほとんどは足がかりにすぎない」。

何への足がかりか？　満足できる仕事への足がかりである。仕事を通じて自分のことを学ぶにつれ、もっとはっきりした目的意識を持って次の仕事を選べるようになるのだ。

やりがいのある仕事の基礎❷　起業家的独立性

メアリー・リー・ヘリントンはペンシルベニア・ロー・スクールをトップに近い成績で卒業、4年後にはロンドンの名高い法律事務所で年間25万ドル（2500万円）を稼いでいた。仕事は週60時間。締め切りに追われてばかりで、裁量の自由などないに等しいハードワークに、ストレスを感じていた。

彼女がかつて法科大学院《ロー・スクール》に通ったのは、キャリアとなる仕事をしたかったからだ。専門の学位、「弁護士」としてのアイデンティティ、経済的保証――彼女はこれらの目標をすべて手に入れた。しかし実のところ、目標を達成した実感よりも、それと引き替えに様々なことを犠牲にしたのだという実感の方が、ずっと強かった。

やりごたえのある仕事ではあった。しかしヘリントンは、自分が巨大な機械に組み込まれた高給取りの歯車であるかのように感じていた。たくさんある歯車の1つを回しても、労働の結末を見届ける満足感はめったに味わえない。

人によっては、十分モチベーションを維持できる仕事なのかもしれない。複雑な仕事を厳しい期限内に完璧にこなすという難題に、世界最高レベルの給料と、将来の見込み（地位も給与も上がっていく）が組み合わさっているのだから。

しかし、ヘリントンはストレスで抜け落ちた髪の束を発見し、このままではいけないと悟った。だが一体何をしたらいいのだろうか？　彼女は、法科大学院《ロー・スクール》時代を思い返しながら、あの頃本当に好きだったことは何だろうと自分に問いかけた。

答えは意外なものだった。法律とは何の関係もなかったのだ。彼女が好きだったのは、内輪で予定しているイベントの準備や運営を取り仕切ることだったのである。

「実にクリエイティブな活動でした」と、彼女は『ニューヨーク・タイムズ』紙の記者に語った。「あれは楽しかったですね。パーティーの粗品を選ぶのも、プログラムを考えるのも」

そこで彼女は仕事をやめ、アパートを事務所にして、フォーエバー&エバー・イベントと呼ばれるウェディングプランの企画業を始めた。最初の顧客は友達の友達だった。顧客が支払いに同意した料金、2000ドル（20万円）を銀行に預けたときは、どきどきした。

彼女はすぐに気づいた。自分のビジネスを始めたからといって、それが労働時間を減らすことにはならないのだと。実際、1日17時間働くこともあった。しかし彼女はもはや歯車ではなかった。ストレスも、軽い運動のストレスのように楽しめるものになっていた。

ほどなく、満足した顧客から新しい顧客を紹介してもらえるルートができた。同時に、彼女のウェブサイトには一流ウェディングブロガーの称賛コメントが掲載されるようになった。

「もう前みたいに、なんとなく憂鬱な気分で歩くことはありません」と彼女は『タイムズ』誌で語っている。友人からは、前よりずっと生き生きしていると指摘された。

「以前は、仕事の話は絶対にしたくないと思っていました。どうしても愚痴になってしまうから」しかし、仕事がその人にとって前向きな人生の一部である場合たいていそうであるように、今彼女にとって仕事はお気に入りの話題になっている。

哲学者バートランド・ラッセルは、以下のように言及している。キャリア主義にとらわれた主体性のないこの世の中で、人は他人に押しつけられた目標をあまりにもあっさりと受け入れてしまっている。そして抑制してしまっている――「クリエイティブな衝動を。それがあれば、自由で生き生きした人生になったかもしれないものを」

彼は、「本能的に良いと感じるものを仕事に」するよう助言している。すでにそういう仕事を見つけたかどうかは、自尊心とプライドを感じているかどうかで分かる。ラッセルは書いた。やりがいのある仕事は人を「心の底から幸せにする。たとえどんな外的困難と苦境にさらされようとも」。

マルコム・グラッドウェルは著書『天才! 成功する人々の法則』(邦訳・講談社)で、ラッセルの意見に同調した。彼はやりがいのある仕事を「自主性、複雑さ、努力に見合う報酬の3つ」を満たすもの、と定義した。

彼はこう続ける。「人を幸せにするのは、九時~五時の仕事でいくら稼げるかではない。〝その仕事に充実感が持てるか〟どうかだ……この三つを満たす仕事は意義がある」

これらの例は重要な教訓を与えてくれている。やりがいのある仕事とは「自律的に取り組む仕事」と言い換えられるようなシンプルなものかもしれない、ということだ。多くの場合、やりがいのある仕事は、起業家的独立性のある人生から生まれるものなのだ。

やりがいのある仕事の基礎❸　宗教的、または精神的自己同一性《アイデンティティ》

2010年10月、インドネシアのメラピ山が噴火、多数の近隣村民が犠牲となった。地元の人々はその火山を崇拝しており、噴火は山の神の逆鱗に触れた戒めだと解釈した。

噴火にまつわるいくつかの報道の中に、山の中腹で「祈りの姿勢をした焼死体を発見」というニュースがあった。それは83歳のムバ・マリジャンという男性の遺体だった。彼はインドネシアでは、本名でなく「山守《やまもり》」という呼び名で知られていた。

数カ月前に行われた取材で、マリジャンは、自分の仕事は、祈祷師としての力で「溶岩が流れ落ちるのをくいとめることだ」と言っていた。

彼がジャカルタで有名人になったのは、2006年のことだった。きっかけは彼が、「破壊的な行動で自然を苦しませるのはやめるべきだ」と政府を批判したこと。まさにその年、火山が噴火の兆候を見せた。

人々はマリジャンに山から下りるよう頼んだが、彼は、ふもとの村を守るための祈祷をやめようとはしなかった。やがて危険な兆候は去り、マリジャンは現代の聖者として崇められた。

人々の目には、彼が人々の命を守ったように見えたのだ。

2010年の噴火で、彼はとうとう命を絶たれた。しかし、彼が有意義な仕事をしたことを疑う者はいない。「ムバ・マリジャンがメラピ山に命を奪われる可能性があることは、ずっと以前から分かっていました」と政府の報道官は言った。「彼が亡くなられた今、我々は新しい山守を早急に選ばなくてはなりません」

実はここまで、わたしは「天職」という言葉をなるべく避けて、代わりに「やりがいのある仕事」という言葉を使ってきた。「天職」と言うとなんとなく宗教的なニュアンスがあって、意味を取り違える人が出るかもしれないと危惧したからだ。しかし、宗教的価値観への献身を体現する仕事が、天職となり得るのは間違いない。

信仰に基づいた仕事は、万人向きではないかもしれない。しかしそれはやりがいに通じる王道である。

やりがいのある仕事の基礎❹　家族

家族から、自分の道を選ぶ自由を与えられたこどもは、家族から寄せられたその信頼に応えようと努力し、自分の選んだ仕事にやりがいを見いだすことが多い。

フロリダ州の現職上院議員マルコ・ルビオが良い例だ。彼の両親は1950年代にアメリカに移住してきたキューバ人の移民である。フロリダ州マイアミに落ち着いた後、父はバーテンダーとしての職を見つけた。一方母はホテルの客室清掃員となった。2人は、もっと良い仕事をこどもたちにさせてやりたいと思っていた。

ルビオはある記者に、なぜ家の伝統にしたがってサービス業に就かなかったのかと聞かれ、こう返答した。

「わたしは両親にこうたたき込まれました。生活のためにやるのが労働。本当に好きなことをしてお金を稼ぐのがキャリア。両親が労働をしていたおかげで、わたしはキャリアを手にすることができたのです」

ルビオは政治に天職を見いだした。コロラド州の小さな大学から始まり、紆余曲折の末、彼はフロリダ大学とマイアミ大学法科大学院《ロー・スクール》にたどり着いた。法科学生時代には、地元の下院議員の実習生を務め、共和党の選挙活動でボランティアとして働いた。

政治の虫にとりつかれてすぐに、彼は気づいた。フロリダは、彼の若さ、キューバの血、保守的見解という強力なコンビネーションを打ち出すのに理想的な場所だと。彼はたちまち政界の階段をかけ上がり、35歳の若さでフロリダ州下院議長になり、さらに5年後には連邦上院議員に就任。大統領候補者・副大統領候補者と噂されるようになった。

仕事のやりがいについてルビオが語ったのは、キャリアの階段を上る話でもなければ、保守的な政治信念の話でもなかった。それは彼が13歳のとき、「パパ」と呼んでいた祖父と交わした、ある誓いの話だ。彼は著書『An American Son（アメリカ人の息子）』でそのことを書いている。

1996年、彼が法科大学院を卒業した日は、家族全員にとって記念すべき日だった。彼の家系で、学歴においてルビオほどの高みに到達したものはいなかったからだ。

ルビオはその場に立ち会えなかった人のもとを訪れる必要があった。そうするまでは、まだその出来事の重要性を十分に味わうことはできなかったのだ。彼はこう続けている。

わたしは翌日祖父の墓を訪れた。臨終のとき、祖父の手を握っていたことを思い出す。一生懸命働いて立派な人間になると誓うと、祖父はわたしの手を握り返してくれた。祖父が亡くなった12年後、ついに約束を果たしたわたしは、ある感覚に襲われた。〝両親と祖父は、わたしを介して生きている!〟。

2人はわたしに夢を託した。かつて自分たちが抱いていた夢を。そしてわたしがその夢を1つ1つ達成することが、2人の人生に目的と意義を与えているのだ。

わたしは証明した。両親と祖父が生きたことを、愛したことを、そして払った犠牲は無駄ではなかったことを。2人の人生はもはや無意味ではない。祖父の気配を感じながら、わたしは墓を去った。今でも、祖父がそばにいるような気がしている。

マルコ・ルビオの仕事のやりがいは、死にゆく祖父と交わした約束という「深い感情的な体験」に根ざしたものだった。そしてその失われることのない効力は、神話的なまでに家族を重視するラテン文化から生じている。ルビオ一家は家族全員で、仕事のやりがいにまつわる不朽の名作を作り上げたのだ。

やりがいのある仕事の基礎❺　アイデア・発明・芸術を通した自己表現

自己を表現する仕事は、音楽のような芸術に限られたものではない。現代では、独創的なデジタル指向のデザインやイノベーションを通して、仕事にやりがいを見いだす人が増えている。スティーブ・ジョブズがそうだ。本書の「はじめに」で、彼のスタンフォード大学の卒業式でのスピーチを引用した。ジョブズは現代における独創的な天才の1人だ。その彼はアップルでの仕事を、人生にやりがいをもたらす一種の自己表現と位置づけていた。

独創的なハイテク生活を生み出したもう1人の例は、ピーター・ティールだ。オンライン決済システムPayPal《ペイパル》の創業者であり、スタンフォード大学コンピューター・サイエンス学部の非常勤講師でもある。

彼はスタンフォード大学とその法科大学院《ロー・スクール》を卒業し、法曹界のキャリアへの道を歩き始めた。しかし、若手弁護士の垂涎の的、最高裁判事の書記官の地位を射抜くのに失敗し、人生につまずく。

初めて競争に負けたことにショックを受けた彼は、法曹界から完全に身を引き、ビジネス界に足を踏み入れる。そこで、ＰａｙＰａｌやフェイスブックといった有望なビジネスモデルを鋭い目で見極め、たちまち億万長者となった。

この話をしたのは、ティールが転身によって裕福なベンチャー投資家に登り詰めたからではない。名声と富にとらわれて仕事のやりがい探しを拒否することがなかったからだ。

彼はスタンフォード大学の授業で生徒たちに警告している。大学の成績競争に巻き込まれてはいけない、と。自分は競争に駆り立てられ、学校では良い成績を収めたが、結局そんな競争は無意味だった。個人の適性に合わせて試行錯誤を繰り返し、型にはまらない、もっとクリエイティブな道を進んでほしい、と。

ティールの新しい目標は、〝今すぐ自分の力を試したい〟というクリエイティブな10代の若者たちが、〝大学から大学院へ〟という決まり切った行程を踏まずとも社会に出られるよう支援することだ。そのために彼は毎年、20歳未満の20名の生徒に対し、1年につき5万ドル（500万円）、2年間の資金援助をしている。

支給条件は1つ。世界で戦える独創的なアイデアがあり、それに取り掛かれるなら大学を中退しても構わないと思っていること。彼は、クリエイティブな仕事に身を捧げる一生というものがどういうものかを、早い時期に若者たちに味わわせようとしているのだ。

このティール奨学金は、大学中退を推奨しているとして散々酷評された。しかし20名の奨学生たちにしてみれば、不利益な点はない。たとえうまくいかなかったとしても、あるいは、筋書きのないキャリア形成ではやりがいのある仕事にたどり着けないと気づいたとしても、そのときは、ティール奨学金を勝ち取ったという威信が、どこかの大学の門を開いてくれるだろう。もし、晴れて起業できたら、スティーブ・ジョブズ、マーク・ザッカーバーグ、ビル・ゲイツらと共に、大学中退歴のある成功者リストに名を連ねることになる。

やりがいのある仕事の基礎❻　コミュニティー

自分個人にとどまらない、より大きな目的を果たす仕事は深いやりがいの源となり得る。多くの人が、この満足感の源を、その他の基礎と組み合わせている。

一例として、わたしはここである人物を讃えたいと思う。このコミュニティーへの献身に伴う自己犠牲をあらためて認識させてくれた人物である。

ヒース・ロビンソンと出会ったのは、２０１０年の夏、１週間のエグゼクティブ向け交渉術研修の初日のことだった。30代前半で親しみやすい雰囲気のその男性は、会場後方にある「アメリカ海軍開発グループ」と書かれたパネルの後ろ側の列に座った。

その日の夕食の席で、ヒースが職業を明かした。彼は今日《こんにち》のアメリカ軍における屈指の精鋭部隊、ＳＥＡＬ《シール》チーム6《シックス》のリーダーだった。この1年後、アルカイダの最高指導者ウサマ・ビン・ラディンに対する軍事作戦を成功させ、世界的にその名を知られることになるチームである。

ヒースは自分が従事している仕事の世界をわたしに詳しく教えてくれた。それは厳格な規律と自己犠牲の理念にひたすら打ち込む世界だった。

ＳＥＡＬの訓練課程に入る志願兵のうち、無事に正規の６カ月を終了できるのは、10人中たったの２、３人である。特に多数の脱落者が出るのが、５日半にわたる「ヘル・ウィーク（地獄週間）」と呼ばれる期間だ。訓練兵は72時間不眠不休で、水陸両方の訓練に従事し、人間の忍耐の極限まで自分を追い込む。それをくぐり抜けて海軍特殊部隊〝ＳＥＡＬｓ《シールズ》〟に入隊を果たした２０００名から、さらにえり抜かれた精鋭部隊が、約２００名からなるＳＥＡＬチーム６だ。

ヒースは、揺るぎない自己を反映するかのようなオーラを発し、研修メンバーの中でとにかく目立っていた。彼はただそこにいる。静かな自信に満ちていて、謙虚で、余計なことは話さず、油断がない。

わたしにははっきりと分かった。彼は人生のやりがいを複数の源から得ていたが、そのリストの上位にあるのはＳＥＡＬｓ隊員としてのアイデンティティと、愛国心あふれる軍隊に抱いているプライドなのだと。

１年後の２０１１年８月、自宅で仕事をしていたわたしに１本の電話がかかってきた。ヒースの同僚、ＳＥＡＬｓのトムからだった。彼の説明によると、一昨日、ヒースの部隊はアフガニスタンの辺境地でタリバンに拘束されたアメリカ兵を救うミッションを成功させ、ほとんどの隊員が無事に帰路に着いたという。しかしその帰路で、ヒースたちの乗ったヘリコプターは敵の発射した携行式ロケット弾に当たり、墜落した。乗員は全員即死だったそうだ。

その日わたしが抱いた喪失感と悲しみは、徐々に感謝に変わっていった。わたしたちは、ヒースをはじめ、自身の危険を顧みずコミュニティーに貢献する人々から恩恵を受けている。戦闘兵、消防士、医師、警察官、外交官……、彼らの仕事は、仕事をする本人にもわたしたちにも、深い意義を与えてくれている。

やりがいのある仕事の基礎❼ 才能を磨く努力

古代ギリシャ人はやりがいのある仕事の理想像を持っていた。その仕事は「アレテー」という言葉に要約される。アレテーは「徳」と訳されるが、「最高の腕により最大の効果を生み出す仕事」とでも言った方がその意味をよく表せると思う。

ギリシャの靴職人は、非の打ち所のない靴を作ることでアレテーを示す。戦士は危険な状況において確固たる勇気を貫くことでアレテーを示す。

アレテーにたどり着く道は幾通りもある。例えば、とにかく好きなことを追求していたら自然とたどり着いたというパターン。それとは対象的に、自身の才能を努力して磨き上げることで戦略的にたどり着いたというパターン。そして、2つの中間のパターンも存在する。

中間のパターンの具体例として、シスリー・ベリーの話をしよう。彼女はロイヤル・シェイクスピア劇団の、発音《ヴォイス》・発声指導者《ディレクター》である。彼女が指導しているのは、ショーン・コネリー、ジュディ・デンチ、アンソニー・ホプキンス、ジェレミー・アイアンズをはじめとする演劇界・映画界の有力者たちだ。

ベリーは言う。「こどもの頃は詩をそらんじてばかりで、他人を避けていましたね」彼女の詩に対する興味は、徐々に言葉の音に対する興味にまで発展した。そして、彼女はロンドンの演劇学校セントラル・スクール・オブ・スピーチ・アンド・ドラマに入学した。

彼女はそこで詩への興味を、プロの発話指導者として通用する能力にまで発展させた。その能力が、演劇への情熱に火をつけた。現在はロイヤル・シェイクスピア劇団での仕事に加え、実験的な劇団や、歴代のイギリス首相も指導している。

情熱、報酬、才能のすべてが組み合わさった場所を見つけた人がみな口にする、シンプルな信念を、彼女もまた表明している。「自分の情熱が尽きるまでやり続けます」と。

◉———やりがいのある仕事にアプローチする

ここからはあなたの番だ。第3章に戻り、〝宝くじの演習〟の自分の答えを振り返ってみよう。その答えを出発点に、あなたにとってのやりがいのある仕事を考え出してほしい。つまり、まずは自分の心に従うのだ。家族や社会に従うのではなく。

今のあなたを満足させられるのは、どんな仕事だろうか？　情熱、報酬、才能の3つの円が重なり合う「スウィートスポット」には何があるだろう。

同時に、あなたの気持ちを燃え立たせるものを探す際には、PERFECTを検討してほしい。やりがいの源となる7つの基礎の中で、特に心に響くものはどれだろうか？　あなたが特に情熱を駆り立てられるモチベーションにチェックを入れてみよう。そしてそれらを組み合わせられるアイデアを書き出してみてほしい。

□P：個人の成長と発展
□E：起業家的独立性
□R：宗教的または精神的アイデンティティ
□F：家族
□E：アイデア・発明・芸術を通した自己表現
□C：コミュニティー（大義に身を捧げ、支援の必要な人々を助ける）
□T：才能を磨く努力

ここでわたしから最後のアドバイスをしよう。

〝やりがいのある仕事〟と〝労働〟や〝キャリア〟の間にある溝は、あなたが思っているほど深くはない。その溝を飛び越えるのに必要なのは、仕事を見つめ直し、目的を再設定することだけかもしれない。今の仕事と完全に決別しようなどと、早まる必要はないのではないだろうか。

◉───最後に

マルコム・グラッドウェルは『天才！ 成功する人々の法則』でこう書いた。「厳しい労働が懲役の意味を持つのは、仕事に意義が見いだせないときだ。意義があれば、妻の腰を抱き寄せ、ダンスを踊りたくなるのだ」

この章でまず、やりがいのある仕事へ通じるたくさんのルートを探ってきた。思っていたより現在地に近いルートもあることを分かってもらえたなら幸いである。

また、労働、キャリア、天職（「やりがいのある仕事」と言う方がわたしは好きだが）という仕事の捉え方の違いを検討した。

さらに、エイミー・レゼスニエウスキー教授の調査により、ある人が単なる給料稼ぎと見なしているかもしれない仕事を、隣の作業ブースに座っている人は深いやりがいのある仕事と見なしている可能性があることも分かった。

また、ポー・ブロンソンは、「深い感情的な体験」がきっかけとなってやりがいのある仕事が生まれることが多いという見解を提供してくれた。

ここまでの4つの章で、わたしたちは、重要な外的影響力について検討した。さらに、成功の定義を考える際に同じく考えなくてはならない、内面的な成功の要素「瞬間的幸せ」「総合的幸せ」「魂の経験」と、やりがいのある仕事から生まれる満足感についても見てきた。

今のあなたなら、「成功」という言葉の意味を以前よりも深く考えられるようになっているはずだ。この章をもって、本書の前半部分の結論を出して欲しい。あなたにとって、成功とは何だろうか?

第4章のポイント

やりがいのある仕事を見つけよう

仕事には3つの種類がある。「労働」「キャリア」そして単なる給料稼ぎやステータス目的にとどまらない、特別で個人的な「やりがいのある仕事」。
「やりがいのある仕事」からは、内面的満足感と対外的達成の両方を得られる可能性が高い。

「やりがいのある仕事」探しは、たいてい自分に才能のある分野から出発する。しかしときには深い感情的な体験から出発することもある。

「やりがいのある仕事」を探すには、才能、情熱、生活力が重なり合う「スウィートスポット」について考えよう。また、PERFECTもヒントになる。これで多くの生徒が、仕事のやりがいを見つけている。

第Ⅱ部

◉

第2の大きな質問「どうやって成功するか？」

ここからの5つの章では、「どうやって成功するか?」を探っていく。

「成功のノウハウ」を伝授する文献は山ほどあるが、そうした本を読む際の問題点は、大事な人を置き去りにしてしまう可能性があることだ。それは、読者であるあなたのことだ。

例えば、こうした本に載っているカリスマ的成功者からの助言としてよくあるのは「目標を設定する」というもの。このアドバイスは、あなたにとっては有効ではない可能性がある。目標をたくさん設定しすぎて、健康や仕事のやりがい、人間関係といったものをおろそかにしている場合などである。

だからこの先を読む際は、成功のプランを自分用にカスタマイズする方法を探してほしい。望みを叶えるのに〝万能で手軽な仕組み〟など存在しない。

ここから先のページでは、あなただけの素質、モチベーション、性格や適性、対人スキルを見極めていくことになる。その過程で自分の強みを最も確実に引き出せる考え方を発掘してほしい。それがあなたに与えられた課題である。

第5章

素質――「うまくできること」を見極める

ケーキが欲しければ、手持ちの小麦粉で焼かなくてはならない

――デンマークの言い伝え

ジュリア・チャイルドをご存じだろうか。世界で初めて、テレビの料理番組の顔として成功した人物である。

ジュリアはかつてスミス大学で歴史学を専攻していた。夢は作家になること。文章を書かせたらクラスで右に出る者がいなかった。大学を卒業すると、ニューヨークに移り、家具会社の宣伝部でコピーライターの職を得た。

しかしほどなく、その仕事にやりがいを感じられない自分に気づく。せっかく文章を書く仕事についたにもかかわらず、広告文を書くことに物足りなさを感じたのである。

転機が訪れたのは、第二次世界大戦が勃発したときのことだった。軍に入隊できなかったジュリアは、政府の諜報機関「戦略諜報局（ＯＳＳ）」と契約しワシントンに引っ越した。ジュリアの知性と文才はたちまち上層部の目に留まり、局長付きの調査員に抜擢された。

1944年にはセイロン（現スリランカ）の極秘任務に配属され、新たなスキルを身につけた。大量の機密情報を精査し、仕分けるスキルである。そしてその地で、生涯の伴侶となるポール・カッシング・チャイルドと出会う。彼には、ジュリアの他にもう1人〝料理〟という恋人がいた。ポールに導かれ、ジュリアは美食の世界へ足を踏み入れた。

1948年、ポールと結婚生活を送っていたフランスで、ジュリアに〝覚醒の瞬間〟が訪れる。それは、ルーアンのレストランでディナーを食べたときのことだ。メニューは、牡蠣の殻盛り、舌平目のムニエル、グリーンサラダ、フランス産白ワイン〝プイィ・フュイッセ〟のボトル。後のジュリアの言葉を借りれば、それは「心と精神が解き放たれた瞬間」だった。

そのときの感動をきっかけに一念発起した彼女は、フランス料理の技術を自分なりに習得する道を歩き始める。その後通い始めたのが、パリの料理学校ル・コルドン・ブルー。フランスの一流シェフたちの下で、さらに研鑽を積んだ。

やがて、ジュリアは料理本を出版しようとしているフランス人女性2人と出会い、仲間に加わった。彼女の役割は、その本をアメリカ人向きにアレンジする手助けをすること。そのプロジェクトは、ジュリアがそれまでに培った文章力、大量の文字情報をまとめる能力、そして新たに見つけたフランス料理への情熱の集大成となった。

その成果は、700ページを超す大著『Mastering the Art of French Cooking (フランス料理という芸術の習得)』として1961年に出版され、時代を超えて売れ続ける料理本となった。

その後再び大きなきっかけが訪れた。ジュリアは持ち前の洞察力でそれを察知した。マサチューセッツ州ケンブリッジに住んでいた1960年代初め、公共テレビの依頼で短いコーナーに出演し、オムレツの作り方を披露したのだ。

ジュリアはそれを夢中でやった。すると視聴者の方も、彼女に夢中になった。「あの素人っぽい女性をもっと見たい」という声が殺到した。

ジュリアはすぐさま30分の料理番組『ザ・フレンチ・シェフ (The French Chef)』を開始する。このときすでに50歳を超えていたが、それでもなお、その番組を通じて新たな自分を発見することとなった。

ジュリアのスタイルは独特だった。彼女は、好んで大げさな演技をしてみせたのだ。ヘマをしでかすと「あらあら」「きゃあ!」と声を上げる、挙げ句の果てには「台所にいるのはあなただけ。誰にも見られる心配はないわ」と、床に落とした食材を拾い上げて使ってみせた。

ジュリア・チャイルドの話を聞くと、こう考える人がいる。彼女の成功は、幸運と偶然のたまものじゃないか、と。だがそれは過小評価というものだろう。ジュリア・チャイルドはかつて自身の成功の秘訣を次のようにひと言で表している。

「料理すればするほど、料理が好きになるの」

何か楽しんでやれることがあれば、自然と練習に精が出る。一生懸命練習すれば、その分上達する。それを繰り返すうちに、いずれその何かは「人よりうまくできること」になるのだ。「世界中の誰にも負けないこと」になるのも、けっして絵空事ではない。

Self check

素質のセルフチェック

人よりうまくできること

ジュリア・チャイルドのセリフを、自分の言葉で置き換えてみてほしい。うまくなりたいと自然とあこがれる分野を挙げてみよう。それこそがあなたの「人よりうまくできること」であり、楽しめることでもある。いずれは成功の基盤を築いてくれるかもしれない。

わたしは(　　　　　　)すればするほど、(　　　　　　)が好きになる

わたしは(　　　　　　)すればするほど、(　　　　　　)が好きになる

◉――あなたの素質　組み合わせが成功への鍵

いずれ来る幸運を生かし成功するためには、「人よりうまくできること」から始めなくてはならない。もの書き、もの作り、暗算、隙のない説得力ある議論、料理、デザイン……どんなものでもいいが、複数の特技を組み合わせて、具体的に何かやってみよう。

ここが重要なポイントである。「素質の組み合わせ」にこそ成功がある。料理に情熱を燃やしている人ならたくさんいる。文章を書くことに興味があって、文才がある人も同じことだ。しかし、料理の腕と、文章力を兼ね備えた人物は、比較的少ない。その中で、実際に料理関連

の本を書いている人となると、その数は一層少なくなる。

あとは、ほんの少しの幸運と、周囲からの適切なアドバイス、初志貫徹の意志があれば、ジュリア・チャイルドのように、才能を生かして、人生を充実した実りのあるものにすることができるかもしれない。


この章では、第1部で投げかけた第1の大きな質問「成功とは何か?」から、第2の大きな質問「どうやって成功するか?」に話を移していく。

まずは、素質の話から始めるとしよう。いわゆる成功モノの本で取り上げられる定番のテーマのひとつだが、人生をより豊かにするのに必要なツールは、いつも手近にあるものだ。


ここで、1800年代後半から1900年代前半にアメリカで活躍したラッセル・コンウェルという人物をご紹介したい。弁護士からバプテストの牧師に転身した、スピーチの名人だ。そのスピーチによって、テンプル大学を創設できるほどの莫大なお金を稼いだというのだから、その名人ぶりがうかがえるだろう。

コンウェルのスピーチには、我々がこれまでに読んできた成功者の多くが証明した重要なポイントが凝縮されている。つまり、〝過去の興味・経験・スキル〟が〝現在の機会〟と共鳴し始めたときに、〝未来は開ける〟ということだ。

ここからは、コンウェルの台本に基づいて話を進めていく。有名なスピーチだから、あなたも聞いたことがあるかもしれないが、お付き合い願いたい。

◉――あなたのダイヤモンドはどこにある?

コンウェル牧師は若かりし頃、イングランドの旅行者たちと共に中東を陸路で旅したことがある。一行はバグダッドでアラブ人のガイドを雇い、チグリス・ユーフラテス川沿いにラクダを引かせた。ガイドは民話や寓話を聞かせて常に一行を楽しませてくれたという。「その多くは忘れてしまいました」コンウェルはいつもこう聴衆に話しかけた。「しかし1つだけ、どうしても忘れられない話があるのです」

そしてこんな話を始める。

昔、ペルシャのインダス川のほど近くに、アリ・ハフェドという名の裕福な農民が住んでいました。果樹園、穀物畑、庭園つきの、広大な農場を持っていたアリ・ハフェドは、金に不自由せず、幸せな生活を送っていました。

ある日、そのアリ・ハフェドのもとを「東方の三賢者」の1人である仏教僧が訪れます。滞在中、僧は世界の成り立ちについて話して聞かせました。

あるとき僧は、ダイヤモンドが世に出現したいきさつについて話しました。ダイヤモンドがあれば、ほんのわずかであっても、その富でアリ・ハフェドのこども全員を王座につけることもできる、と僧は言うのです。

アリ・ハフェドはダイヤモンドのことは何も知らなかったにもかかわらず、それを手に入れたいという強い欲にとらわれました。そして、そのダイヤモンドが見つかりそうな場所を教えて下さい、と僧に頼みました。

「いやなに」と僧は言いました。「高い山に囲まれた、白い砂地を流れる川を見つければよろしい。そういう白い砂地でダイヤモンドが見つかるのですよ」

アリ・ハフェドはそんなうまい話があるだろうかと思い、言いました。「そんな川があるとはとても信じられません」

「いえいえ。白い砂さえ見つけられれば、ダイヤモンドはあなたのものです」

そこでアリ・ハフェドは農園を売り、家族を隣人の手に委ね、白い砂と高い山々、そしてダイヤモンドを探す旅に出ました。その旅は何年も続きました。アリ・ハフェドは中東全土を巡り、さらにはヨーロッパ中を探し回りました。

しかしいくら探せども、何も見つかりません。2年、3年と、ときが経つにしたがって、徐々に身なりは朽ち果て、惨めになっていきました。そしてとうとう、絶望のうちにスペインの海岸から身を投げ、失意の自殺を遂げたのです。

一方、アリ・ハフェドが売り払った農園ではある日こんなことがありました。新しいオーナーが家のすぐ裏手にある川の浅瀬でラクダに水を飲ませていると、「小川の白い砂から放たれる不思議な輝き」を見つけたのです。

オーナーはそこから石を拾ってみて気づきました。この石は太陽の光を受けて「虹色」に輝いている、と。裏庭の川が、ダイヤモンドで埋め尽くされていると気づくのに、そう時間はかかりませんでした。小川に手を入れるだけで、今までにないほど大きな美しい石が掘り出せるのです。その後、その農園は世界でも前例がないほどの大規模なダイヤモンド採掘場となりました。

コンウェルのスピーチではこの話の後、〝裏庭で成功を見いだした人々〟の例が次々と挙げられる。スピーチは話す相手に合わせて都度アレンジされたが、どこへ行っても、コンウェルはこう強調した。

人を押さえつけているのは、その人に足りない才能や機会ではありません。むしろ、すでに持っていながら使わずにいる素質なのです、と。続けてこう結んだ。

「今いるところから、今の自分から始めなくてはいけません」――今日、今この瞬間から自分の中に「無数に広がるダイヤモンド」を探し始めましょう、と。

コンウェルの考え方は、当時と同じく今でも通用する。家でじっと座ったまま、「もっといい人生だったらいいのに」「もっと人とうまく付き合うことさえできたら」「上司が違う人でさえあれば」「仕事さえ変われば」「金儲けの才能さえあれば」「大学院さえ出ていれば」「運さえ良ければ」と不満をこぼしても、何も始まらない。

デンマークの言い伝えにあるように、「ケーキが欲しければ、手持ちの小麦粉で焼かなくてはならない」。あなたにしかない素質の組み合わせを特定することは、成功への欠かせない第一歩だ。しかし、それがなかなか難しい。

なぜ難しいかと言えば、第1に、それは繊細で個人的な作業で、忍耐と信念、粘り強さが必要だからだ。あなたの素質は裏庭に潜んでいるかもしれないが、少なくともあなたにはまだほんの少ししか見えていない。

第2に、ソーシャルメディアや、エンターテインメント、ニュース、セレブや芸能人に四六時中気を散らされるためだ。正しい自己評価をするには、かつてないほど強い自制心と正直さが必要な時代になってきているのである。

以下のページで、あなたが一歩を踏み出すためのアドバイスと例を述べよう。まず、他の人にはない自分の素質に「気づく」方法をお教えする。続いて、自分のダイヤモンドを見つけられるか見極めるために、あなたの裏庭を探検する機会を提供しよう。

◉――自分だけのダイヤモンドの探し方　心に耳を傾ける

ダイヤモンドを探すために、具体的に何をすればいいのだろうか?

ダイヤモンド探しを手助けするライフコンサルティングやキャリアカウンセリングはたくさんある。人によっては、そういう手段が役に立つかもしれない。

しかし、そうした高額なサービスを受けても、ダイヤモンドが見つかるかどうかは、結局はあなた次第だ。2つのことを自己認識し、それに正直になれば、ダイヤモンドは必ず見つかる。

1つ目は、「現状に対する不満」だ。不満を感じたら、その気持ちを軽視せず、きちんと認識しなければならない。不満がなければ、ダイヤモンド探しに乗り出す動機は生まれない。

ジュリア・チャイルドは人生の早い時期にこの試練に直面した。ニューヨークでコピーライターを続けても満足できないと気づいたときだ。彼女はそれ以上の何かを求めていたが、それが具体的に何なのかは見えていなかった。その気持ちに後押しされて、彼女は新しい仕事を探し始め、諜報機関の高官のもとで働くことになったのである。

2つ目は、「興奮」だ。あなたは心の声に注意深く耳を傾け、新しい方向について感じた高揚感を見逃さないようにしなければならない。

ときには、名声や富に対する興奮で、道を誤ることもあるかもしれない。大学時代のジュリア・チャイルドもそうだった。彼女はプロの小説家かライターとしての名声を夢見ていた。自分の夢に興奮し、その生活を実践するために意気揚々とニューヨークに向かった。

しかしそこで働き出したとたん、現実が頭をもたげた。広告の原稿を書く仕事は、「ライター」としての生活を夢見ていた頃に想像していたものとは違った。彼女は、何かに「なる」という夢はたいてい間違ったサインであると気づいたのだろう。そこで彼女は、第二次世界大戦の勃発と同時に、何かを「する」機会を捕えた。

このことからも分かるように、後で間違いだったと気づくことになるとしても、自分の興奮する気持ちを見逃さずに挑戦することは、後々の成功につながる可能性を秘めている。行動を起こしたり、新しいことを始めるときは、自分の反応に敏感であってほしい。「やってみる」という実験を繰り返せば、心の感じる興奮が、あなたをあなたの求める素質と興味に導いてくれる。あなたはまず最初に感情のほとばしりを感じ、次に、時間をかけ、少しずつ、未来に橋を架けていくのだ。

イエズス会士はこのような、プロセスに基づいた注意深い自己認識を表現するのに「識別力《ディサーンメント》」という言葉をつかう。

識別力とは、重要な選択をするときに、神の声を進んで聞き入れる意欲のことだが、識別力を育てるために神を信仰する必要はない。ただ心に耳を傾ける方法を学び、以下で論じる4つのダイヤモンドを探せばいいのである。そうすれば、あなたは未来に橋を架けることができる。

ダイヤモンド❶　興味と情熱

ときどきこう言う人がいる。「ええ、わたしは○○が大好きですよ。でもそれが何になります? ○○が好きな人なんていくらでもいるじゃないですか」

これではアリ・ハフェドの二の舞になっていないだろうか。自分の裏庭だけは見ないで、それ以外の世界中で成功を探し続けるという、一生がかりの的外れな旅をしているのも同然だ。

興味や情熱は、幼少の頃にまで遡って考える必要がある。幼い頃夢中になっていた趣味や活動を思い返してほしい。その中に再開できるものはないだろうか?

わたしの義弟はこどもの頃、変わった習慣を持っていた。全米上位500社の年次報告書を、隅から隅まで読み尽くすのだ。彼の少年時代の部屋は色とりどりの業界紙が積み上げられていた。たいていの人は眠気をもよおすだろうが、彼は夜中まで起きて読んでいた。そして大人になって、プロの投資家として身を立てた。

また、伝説的なパイロット、ベティー・スケルトンの例もある。ベティーは8歳の頃、「飛行機メーカーのパンフレットの収集家」として近所で有名だった。ベティーの〝空を飛びたい〟という情熱は両親に伝染し、一家3人で飛行訓練を受け始めた。

やがて、両親は航空学にまで強い興味を持つようになり、ついには航空学校を開業。ベティーが初めて単独飛行を行ったのは12歳のときだった。ある日、両親の目を盗んで教習用飛行機でフライトに出たのだ。両親は激怒し、彼女が16歳になるまで、単独飛行を禁止した。やがてベティーは一流のパイロットに成長し、航空ショーのスタントパイロットになった。ショーでは「ブルー・エンジェルスの恋人」というニックネームで当時の海軍の一流パイロットと編隊飛行をし、高度・速度ともに新記録を打ち立てた。

あなたにもこどもの頃、想像力をかき立てられ、夢中になれることがあったはずだ。それをもう一度やってみよう。大人になった今もそれに熱中できるかどうか確認してみるといい。

それがマンガであれ、自転車であれ、自然であれ、戦争史であれ、活動を再開して出会う人たちとの間には、驚くほど相通じるものがあることに気づくだろう。

まずあなたの情熱と興味を洗い出そう。ダイヤモンド探しはそこから始まる。「あまりにありきたりだ」と決めつけて、何かを除外してはいけない。

結局のところ、料理や食べることに対する興味だって、ありきたりではないか。飛行機の操縦も同じことだ。しかしそういう活動が基礎となって成功した人たちがいる。それはあなたが見てきた通りである。

ダイヤモンド❷　適性とスキル

あなたの可能性を探すプロセスには、「人よりほんの少しうまく」できることを洗い出すことも含まれる。注意してほしいのだが、「うまくできたらいいのにと思うこと」ではなく、「実際にうまくできること」である。そのためには、能力と遺伝子の関係を理解しなくてはならない。１００年以上の研究により、才能と遺伝の相関が立証されている。

心理学教授でありカリフォルニア州立大学の双生児研究センター所長でもあるナンシー・シーガルは、長年にわたって、遺伝子が能力と性格に及ぼす影響について調査・執筆を続けている。専門は、生後すぐに引き離され別々の家庭で育った一卵性双生児の研究だ。彼女の長年にわたる研究の結論は、『Born Together-Reared Apart（別々に育った双子）』に要約されている。

それによると、「成長後に顕在化するスキルや適性の差を生み出す、最重要かつ唯一の変数は、遺伝子である」という。シーガル教授がかつて要約した言葉を借りれば、「人間の特性はすべて、ある程度の遺伝的影響を示すと言っていい」のだ。

知能を例に見てみよう。１９７９年、トーマス・Ｊ・ブーチャード率いるミネソタ大学の学者グループは、養子として別々の家庭で育てられた、成人した56組の一卵性双生児の調査を開始した。各家庭の社会経済レベルは多岐にわたっていた。

もし、遺伝子よりも家庭環境の方が成長後の能力に影響するのならば、同一世帯で育った双生児よりも、異世帯で育った双生児の方が、ＩＱの差が大きくなるはずである。しかし、１９９０年に『サイエンス』誌で発表された研究結果では、そのような差は見られなかった。

一卵性双生児は、育った環境に関わらず、同じIQを示したのである。

一卵性双生児の父親でもあるジョージ・メイソン大学の経済学者ブライアン・カプランは、「養子縁組」について研究した。養子縁組研究とは、養子にされたこどもが、生物学上の親と、育ての親、どちらにより似るのかを研究する分野だ。

彼はこう言っている。「親がこどもに与える最も影響力の大きい贈り物は、お金でも、親子の絆でも、さしのべる手でもない……遺伝子だ」

こどもの宗教的・政治的思想や、親への愛情の強さといったものは、家庭環境や養育方針の影響を受けるかもしれない。しかし、最終的な所得水準、学業的功績、職業上のステータスはむしろ、両親から受け継いだ遺伝子と非常に強く関連しているというのだ。


次に知りたいのは、遺伝子はあなたのために何を可能にしてくれるのか、そしてあなたはその受け継いだ基盤をどう生かしたらいいのか、ということだろう。わたしは、遺伝子を〝潜在能力の集合体〟と考えるのが好きだ。

生物学者のリチャード・ドーキンスは、遺伝子と潜在能力の関係を、ビーバーのダム作りに例えて説明している。ビーバーの遺伝子は、ビーバーにダムを作る潜在能力を与えている。そこに環境的な圧力が加わって初めて、実際にダムを作れるスキルが培われる。ドーキンスはダム作りのスキルを「延長された表現型」、つまりビーバーの遺伝子が目で見えるかたちに表現されたもの、と呼ぶ。

したがって、人よりうまくできることを探すには、あなたの遺伝的な素質とともに、成長期に受けた環境的圧力を合わせて考えてみる必要がある。

例えば、近年の研究が示すところによれば、身体的な特徴を司る遺伝子は、「耐久」型と「強度」型のどちらかに分かれる。耐久型の遺伝子を持つ人は比較的長距離走に向いている。それに対し、強度型の遺伝子を持つ人は比較的短距離走に向いている。

あなたに強度型の遺伝子があって、中学校の陸上部の顧問に１００メートル走に特化するように指示されたら、集中トレーニングという「圧力」によって効率良く才能を伸ばすことができる。それ以外の条件が他の選手とまったく同一ならば、高校や大学で短距離選手として成功を収める可能性は比較的高い。これと同じことが、すべてのスキルや能力に関して起こりえる。

ビーバーとは違い、あなたは新しい経験や環境の圧力にさらされることを、自分自身でいつでも自由に選ぶことができる。新しい活動を始めて、めきめきと腕が上がっていくなら、それはおそらく、新しい環境の圧力で遺伝的な潜在能力を開花させたということだ。

あなたの生まれながらの適性とスキルを発見する簡単な方法がある。知り合いに、あなたがあまり努力しなくてもうまくできることを挙げてもらうのだ。

あなたには壊れた家電を直す才能がないだろうか？　暗算が得意だったりしないだろうか？

あるいは頭の中だけで文字探しゲーム《ワードパズル》ができるといった特技はないだろうか？　こうしたことはすべて立派な〝人よりうまくできること〟だ。

それが把握できたら次は、その適性を今とは違うかたちで役立てられないか、考えてみよう。

ダイヤモンド❸　過去の経験

ここまで見てきたすべての例に共通する、重要なポイントが2つある。

第1に、新たなステージへの扉を開く鍵は、過去の経験にある。成功した人々はほぼ例外なく、すでにやったことに再度目的を持たせる方法を見つけ、それをジャンプ台にして次のステージに跳び上がっている。

第2に、成功した人々は、気になることがあったらすかさず手を伸ばして、積極的に新しい経験を積んでいる。

ジュリア・チャイルドは、人生を変えたルーアンでのディナーの後、家に帰ってフランス料理の本を読むだけにとどまらず、フランス最高峰の料理学校に入学し、一流の料理人から教えを受けた。それが次の職業につながったのである。

新しい経験の中でも、その分野の専門家から指導を受けるような経験は特に、新たな活動エリアを切り開いてくれる。そうした活動が、過去の経験・技能・適性と組み合わさったときこそ、新鮮な、潜在的に満足できる人生が見つかる。

これは偶然ではない。新しい経験を得るにはたいてい特定の分野に強い関心を抱く人たちのコミュニティーに接することになる。すると、そのつながりが励みとなって新しい経験にますます打ち込めるし、〝素質をどう生かしたらいいか〟についても、その人たちから新しいアイデアや考え方のヒントを得られる。

あなたも、新しい経験の機会を逃さないようにして欲しい。その経験が、人生の次のステージへの扉を開き、いずれ大きな成功へとつながるかもしれない。忘れてはいけないのは、経験を得るにはたいてい〝即興性〟と〝試行錯誤〟が必要だということだ。ジュリア・チャイルドの話で見たように、人は新しい経験に〝即興的に〟飛び込んだときに、新たな気づきを得たり、やりたいことを思いついたりする。

そして、新しい活動の向き不向きを見極めたら、いつでも方向転換しなければならない。その〝試行錯誤〟が、新たな経験の呼び水となるのだから。

ダイヤモンド❹　性格の強み

どんな活動においても、性格の強みを自覚し、生かすことは大切だ。ここではわたしが開発し、「成功の授業」でも使っている「強み診断テスト」に取り組んでいこう。この何年かの間、わたしは以下のような様々な性格分析テストを試してきた。

・MBTI《エムビーティーアイ》（マイヤーズ・ブリックス・タイプ指標）
・ストレングス・ファインダー（ドナルド・O・クリフトンと米調査会社ギャラップにより開発）
・VIA長所診断（マーティン・セリグマンとクリストファー・ピーターソンが考案。ペンシルベニア大学ポジティブ心理学センターのウェブサイトで入手可能）
・ビッグ・ファイブ（5因子性格）・（アメリカ国立衛生研究所・性格認知研究室の主任研究員ポール・T・コスタ・ジュニア、および同僚のロバート・R・マククラエにより開発）

わたしが考案した「強み診断テスト」は、わたしが特に成功に直結すると考える重要な4つの性質に焦点を当てて、これらのテストのアイデアを組み合わせて作ったものだ。

授業でこのテストをした後は、できる限り多くの知り合いから、強みや弱み、個性、素質についてのコメントをもらうよう、生徒に指示している。あなたも両親、親族はもちろん、同僚、上司、部活仲間、同居人、友達にも聞いてみてほしい。

他人が自分をどう見ているか観察することで自己理解を得るプロセスを、心理学者チャールズ・クーリーは著書『Human Nature and the Social Order（人間性と社会秩序）』で、「鏡に映る自我」と呼んでいる。

わたしたちは他人の認識という鏡に映る自分を見て、たくさんのことを学ぶことができる。あなたはきっと違う「あなた像」を知って驚くだろう。あなたが人と関わるときに果たす社会的役割に基づいて映し出される「あなた」の姿に。

しかしもちろん、あなたの定義の最終決定権を握っているのは、あなた自身であり、あなた1人である。

性格の強みのセルフチェック

強み診断テスト〝SAME《セイム》〟

このテストでは、人間の性格を４つのカテゴリー（S：社会的スタイル、A：行動傾向、M：思想傾向、E：感情的気質）に分類している。

各カテゴリー毎に４つ、計16の性格の特徴を読んで、どの程度自分にあてはまるかを、採点スケールに記入してほしい。

社会的スタイル（Social Styles）

1　内向型・外向型

「内向型」はおとなしく、自身を見つめる傾向が強い。比較的規模の小さい親密なグループでの交流を好む。大人数での交流では活力を奪われてしまうことが多い。

「外向型」は社交的で、大規模なパーティーや親睦会を楽しみ、人との交流から活力を得る。あまりに長い時間1人でいると、落ち着かず、不安な気持ちになることもある。

内向型				外向型
100	50	0	50	100
非常に当てはまる	ある程度当てはまる	どちらとも言えない	ある程度当てはまる	非常に当てはまる

2　協調型・主導型

「協調型」は誰とでもうまく付き合い、誰からも好かれるように努力する。人についていく方を好む。

「主導型」は自己主張がはっきりしていてリーダーシップを発揮する。人に従うよりも、人を率いて主導権を握ることを好む。

協調型				主導型
100	50	0	50	100
非常に当てはまる	ある程度当てはまる	どちらとも言えない	ある程度当てはまる	非常に当てはまる

3　平和型・競争型

「平和型」は不和や交渉の際、すみやかに歩み寄る。自身を外的な基準よりも内的基準で測ることを好む。成功を測るものさしは、人の問題を解決したかどうかである。

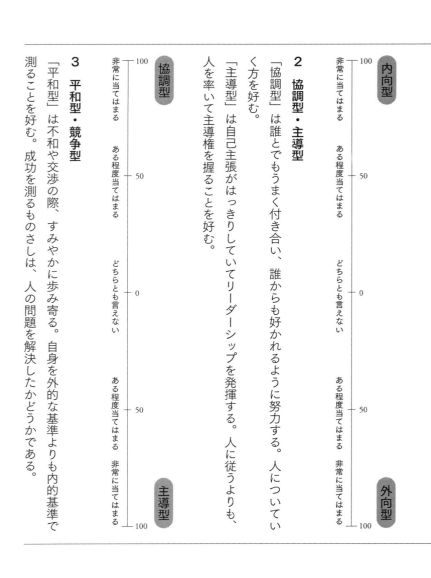

「競争型」は交渉ゲームに勝つことを楽しむ。外的基準において、「素晴らしい」レベルに達したとき満足感を覚える。ただ「良い」というレベルでは満足できない。この上なく退屈な活動でさえ一種のゲームに仕立て上げ、おもしろいものに変えることができる。

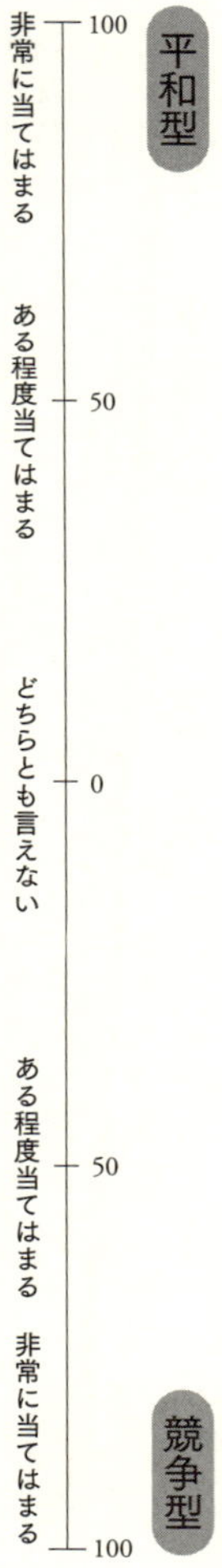

4 順応型・率直型

「順応型」はほぼどんな社会環境にも溶け込める。名俳優のように、状況に応じて、いともたやすくたくさんの社会的な役割を演じ分けることができる。

「率直型」は歯に衣を着せず、真偽を重んじる。順応型ほどスムーズに社会に溶け込めず、かすかに漂う〝場の空気〟よりも、問題や事実の方に注意を払う。裏表がない。

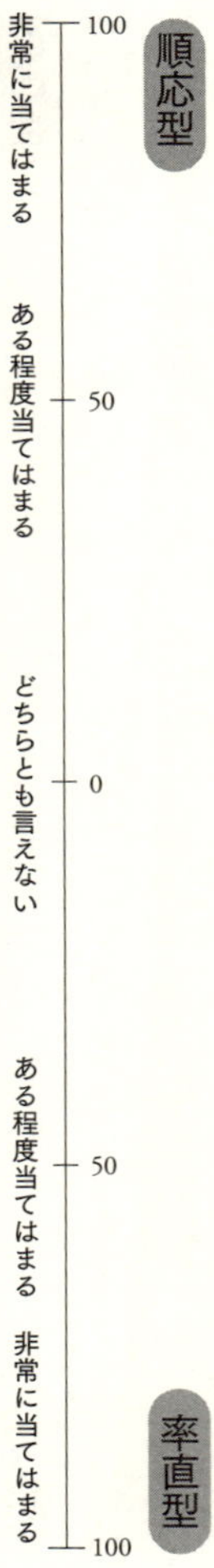

行動傾向(Action-Orientations)

1　計画型・即興型

「計画型」は秩序を重んじ、リスト化することを好み、スケジュールに忠実であろうとする。ときには完全主義に陥ることもある。

「即興型」は直感や本能に基づき、成り行きに任せて行動する方を好む。計画型ほどまめではないが、それで構わないと思っている。

計画型				即興型
100	50	0	50	100
非常に当てはまる	ある程度当てはまる	どちらとも言えない	ある程度当てはまる	非常に当てはまる

2　張り詰め型・ゆとり型

「張り詰め型」は野心的で仕事一筋。出世し、業績を達成し、いつもスケジュールをいっぱいにし、長期的目標に向かって取り組むことに情熱をかけている。業績の観点から成功を測る傾向がある。

「ゆとり型」は張り詰め型ほどがむしゃらではなく、仕事に精を出す方ではない。仕事をするのはお金を稼ぐためで、そのお金は、友達や家族と楽しく過ごし、人生の喜びを享受するために使う。ゆとり型にとって、金銭的不安のない早期退職はあこがれである。仕事の業績よりも総合的な人生の質の観点から成功を測る傾向がある。

張り詰め型				ゆとり型
100	50	0	50	100
非常に当てはまる	ある程度当てはまる	どちらとも言えない	ある程度当てはまる	非常に当てはまる

3　熟考型・決行型

「熟考型」は時間をかけて様々な選択肢を比較検討し、あらゆる可能性を吟味する。後悔を最小限にしたがると同時に、過ぎたことをあれこれ悩みがちなのもこの型の特徴。

「決行型」は手元にある情報に基づいてすばやく決断することを好む。まず行動してみて、結果から学び、次の手を打つ傾向が強い。

熟考型				決行型
100	50	0	50	100
非常に当てはまる	ある程度当てはまる	どちらとも言えない	ある程度当てはまる	非常に当てはまる

4　冒険型・慎重型

「冒険型」は目新しさやスリルを求める。ジェットコースターに乗るのが好きで、落下角度は急であるほど良いと思っている。自己資金で起業したり、ポーカーのプロになれないか腕試ししたり、スタントパイロットになろうと考える傾向があるかもしれない。

「慎重型」は安全第一で、絶対確実な道を好み、不要なリスクを避ける。ギャンブルを嫌い、スリルを味わうためだけに危険を求めることは、無謀な行為だと考えている。

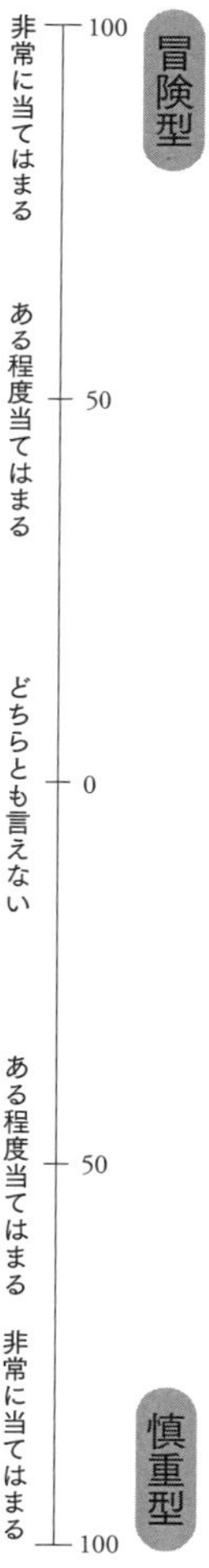

思考傾向（Mindsets）

1　知識型・実用型

「知識型」は抽象的概念に思いを巡らせ、それを探求することを好む。勉強そのものを楽しみ、現在の状況を過去の観点から理解しようと努める。

「実用型」は、概念の価値を、実際に役立つかどうかで評価する。抽象的な思考や学術的な勉強を楽しむのは、それが解決すべき具体的な問題につながっていると分かっている場合だけである。

知識型 ―― 実用型

100	50	0	50	100
非常に当てはまる	ある程度当てはまる	どちらとも言えない	ある程度当てはまる	非常に当てはまる

2　分析型・創作型

「分析型」は客観的なデータと裏付けを探し、それによって目の前の状況を理解しようとする。系統立ててものを考え、クリアな方針をより好む。

「創作型」は発想が柔軟で、主観的で、空想の世界で生きている傾向がある。ノートのページいっぱいに殴り書きをするどころか、ページを破り取って粉々に裂いて、それで見たこともないような新しいものを作り出したりする。

分析型 ―― 創作型

100	50	0	50	100
非常に当てはまる	ある程度当てはまる	どちらとも言えない	ある程度当てはまる	非常に当てはまる

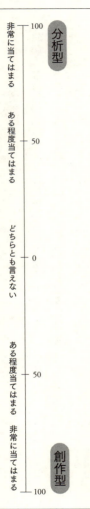

3 伝統型・革命型

「伝統型」は変化に対して保守的で、現状を好む。現状の価値観や、時間の試練に耐えて有用性や妥当性が実証された過去の習慣を保とうとする。うまくいくかどうか分からない将来計画を受け入れるのは、その後だ。

「革命型」は現状に挑むことを好む。変化を尊重し、現状の欠陥や不公平にめざとく気づく。世の中を良くするための理想主義的なビジョンを持っている。

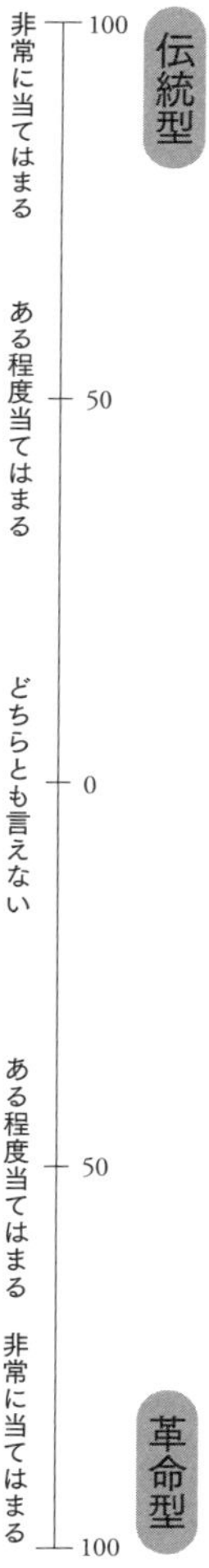

4 特化型・万能型

「特化型」は、少数の「決定的な思想」（宗教、政治、科学など）というレンズを通して世界を見る。少数のテーマについて深い知識を持つことを好む。

「万能型」は情報と伝統を収集・統合する。幅広い分野の本を読み、日頃から様々な経験を探し求め、そこから得た知識で自分の総合的な判断や理解を強化しようとする。しかし、何かを完全に理解し切ったと感じることはめったにない。哲学者アイザイア・バーリンはかつて、『ハリねずみと狐』というエッセイを書き、そこで、この2つの思考傾向について説明している。「ハリねずみ」は特化型、「狐」は万能型だ。

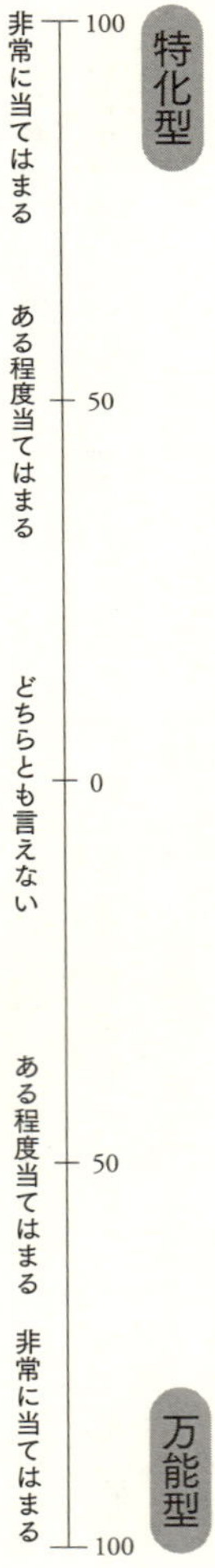

感情的気質（Emotional Temperaments）

1　情熱型・情緒安定型

「情熱型」は感情が激しく、それを人生の経験の中心と考える。恋をしたら、他が見えなくなる。誰かを嫌いになったら、徹底的に嫌う。

「情緒安定型」は心より頭で考える。感情が個性の一面であると認識しつつも、感情よりも理性で自分を捉える。情緒安定型の人も恋に落ちるが、そのことを「頭で理解」しなければいけない。それに対し、情熱型は自分が恋に落ちたことにすぐ気づく。

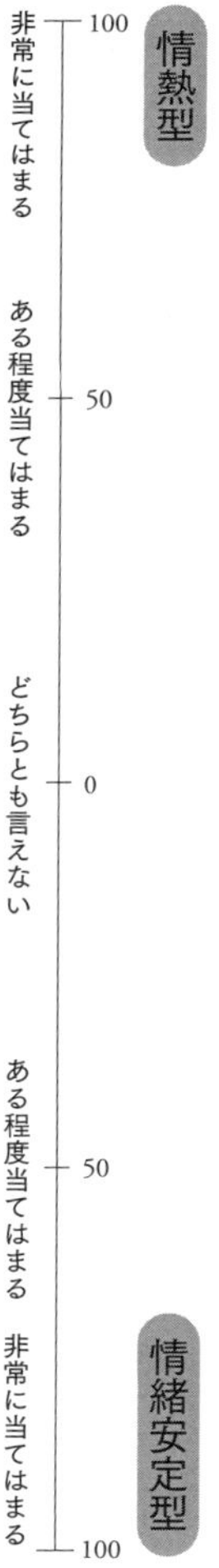

2 楽観型・現実型

「楽観型」はほとんどの出来事を前向きに捉える。カップの中身が半分だったら「まだ半分ある」と考え、挫折から回復するのも早い。どんな出来事にも肯定的な面を見つけ出すためだ。

「現実型」は感じた通りに人生を捉える——嬉しい、悲しい、誇らしい、悲惨、等々。現実型は常に悲観的なわけではないが、楽観型よりはずっと悲観的である場合が多い。楽観型が暗雲に一筋の光を見るとすれば、現実型はそれをすべて暗雲と捉える。そして次に降るであろう雨に備える。

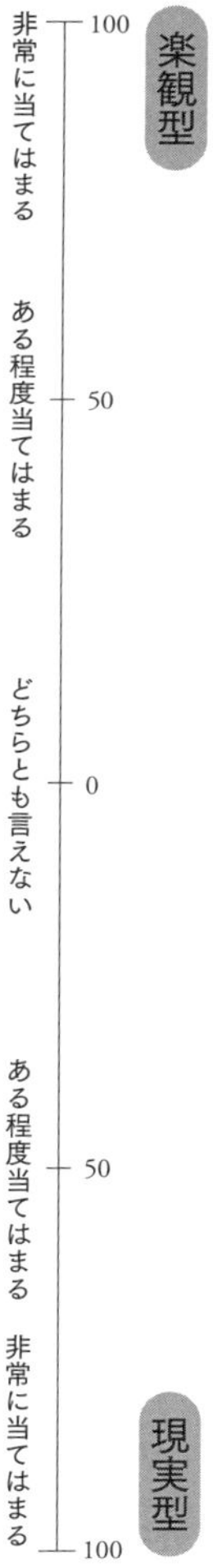

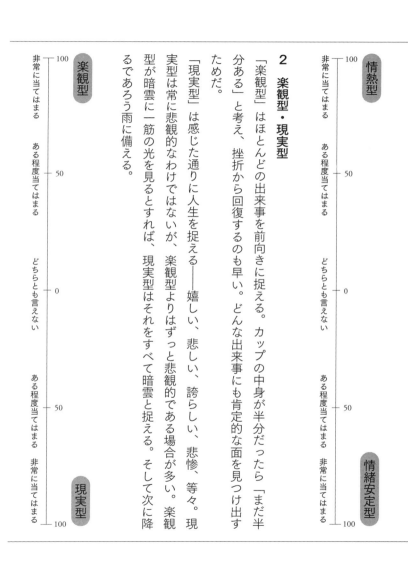

3 感情表出型・感情抑制型

「感情表出型」は自分の感情を表に出す。周りから感情を読まれやすい。嬉しいときは一目で分かるし、悲しいときもどうにも隠すことができない。感情がむき出しで、ころころ変わる傾向がある。

「感情抑制型」はクールで冷静に見える。感情を露呈させることがなく、周りから感情を読まれにくい。コミュニケーションを取る際、より理性と理論に頼る傾向がある。ポーカーフェイスはお手の物だ。

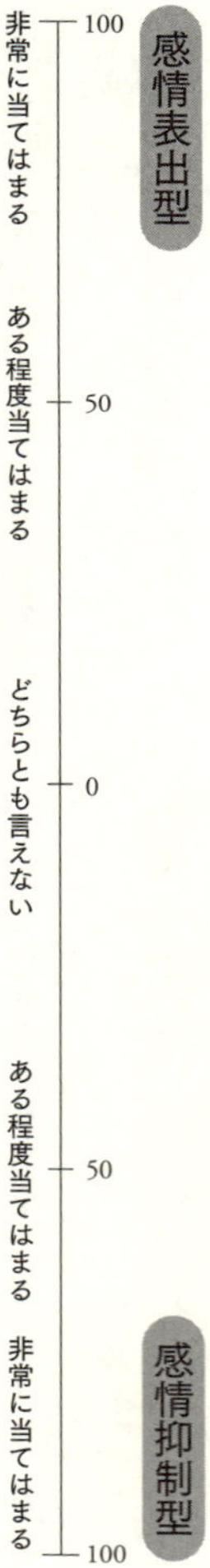

4 ストレス虚弱型・ストレス強壮型

「ストレス虚弱型」はプレッシャーや期限、緊急性などから来る不安を嫌う傾向が強い。困難なときを乗り切るためのアドバイスを人に求める。

「ストレス強壮型」は危機や期限といったプレッシャーを糧にする。危機を察知したらひとまず立ち止まり、平常心と集中力を保つ。実はストレス強壮型には、ある程度期限というストレスが必要である。それがまったくないと、モチベーションを維持し、きびきびと活動することができない。

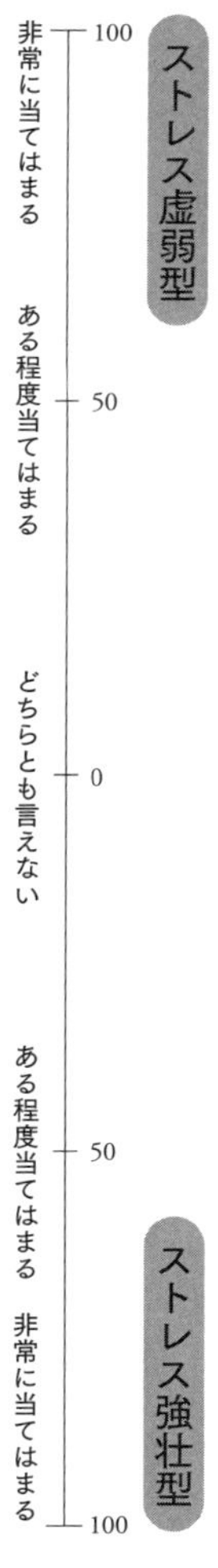

◉SAMEの結果を分析しよう

さてここからＳＡＭＥの結果を分析していく。あなたが成功を目指す上で、この結果を活用できるようにしよう。

まず、右の項目から、「キー・パーソナリティー」を抽出してほしい。キー・パーソナリティとは、１００点に近いもののことだ。あまり難しく考えず、75から１００に印がついているものをすべて入れる、といった考え方でいいだろう。

それでは次ページの欄にあなたのキー・パーソナリティーを書いてみよう。

あなたのキー・パーソナリティー

社会的スタイル	行動傾向	思考傾向	感情的気質

あなたが中間付近に印をつけた項目は、状況や人に応じて簡単に使い分けることができる、調節可能なタイプの性格を示している。そういう性格も強みには違いないが、際立った強みとは言えない。将来の職業の方向性や、人生で次に取り組むべき重要なステップを考える上では、あまりヒントにならない。

今知りたいのは、あなたの性格の最強の要素、あなたの中の、正真正銘の「あなた」、最も揺るがない「あなた」、最も明確に分類できる「あなた」だ。そして、他の人の目に最も留まりやすく、ある特定の活動において他の人から最も期待される面の性格だ。あなたが高い点数をつけたものが、それを示している。

書き終わったら、そこから何らかの規則性が見えてこないか考えてみよう。

例えば、キー・パーソナリティーが、「外向型、主導型、競争型、決行型、冒険型」という人は、非常に強い社会的性格の持ち主だ。必然的に、あらゆる状況で主導権を握ることになる。そういう人は、人当たりの良い話し方やチームワーク、人間関係などを重視する立場（例えば企業の人事部長、保育園の経営者）で、うまくやっていくのは難しい。

しかし、大規模ヘッジファンドでは、非常に優秀なリーダーとなるはずだ。これらの強力な社会的性格は、「実用型」の思考傾向や、「ストレス強壮型」の危機に対する感情的反応とも相性がいい。これらの性格的強みを持ち合わせていれば、緊急事態にうまく対処できるだろう。

４つのカテゴリーでそれぞれ１つしか、キー・パーソナリティーがないケースもある。例えば、「外向型、ゆとり型、創作型、楽観型」というように。これは広告代理店でクリエイティブ職に就く人に有効な組み合わせかもしれない。

「外向型、創作型、楽観型」の特徴は、クライアントに対応し、クリエイティブな市場でビジネスをする際に求められる社会性、知識、感情の面で有利に働くからだ。それに「ゆとり型」という気質は、自分のペースで働き、余暇を楽しむのが好きであることを示す。おそらく、仕事はぎりぎりになってから一気にやる。厳格なスケジュール通りに働くことを楽しむタイプではない。

自分に向いていると感じる活動（すなわち、キー・パーソナリティーに適合する活動）をしているときは、素質と活動の間にはほとんど摩擦が生じない。ポジティブ心理学者が「フロー」と呼ぶ状態を経験できる可能性は高い。「フロー」とは、活動に没頭している精神状態のことだ。フロー状態では時間の感覚すら忘れ、最高のパフォーマンスを発揮できる。

それに対し、素質と活動の不適合にストレスを感じているときは、キー・パーソナリティーを最高のかたちで生かせていないか、あるいは、あなたらしいとは言い難い性格を発揮するよう期待されている可能性が高い。

以下は、相性が良いと思われる職業とキー・パーソナリティーの具体例だ。とはいえ、業界の文化や、実際に働く企業文化を知らないと、どの特徴が有効か断言するのは難しい。この例をあくまで参考として、あなたの性格に特に向いていると思う仕事内容・職業・役割を考えてみてほしい。

解説

キー・パーソナリティーと相性の良い職業の例

会計士・経理職——内向型、計画型、熟考型、分析型

俳優——順応型、即興型、情熱型、感情表出型
大学教授——内向型、知識型、分析型、特化型
コンサルタント——外向型、計画型、実用型、分析型
起業家——競争型、冒険型、実用型、楽観型
法廷弁護士——競争型、決行型、現実型、ストレス強壮型
特殊部隊指揮官——内向型、即興型、決行型、ストレス強壮型
政治家——外向型、協調型、張り詰め型、熟考型
営業・販売職——外向型、協調型、平和型、楽観型

1つだけ、特殊ケースとして扱うべき職業がある。それは親業だ。親業においては、どんなキー・パーソナリティーの組み合わせも間違いではない。嘘偽りのない自己と、こどもに対する本物の愛情や関心を併せ持つ者が、最良の親である。

周りの人からのフィードバックをもらおう

これがSAME診断の最終ステップだ。知り合いに声をかけ、意見を求めよう。1番簡単な方法は、SAME診断テストをコピーしてメールで送ることだ。そして、どれがあなたのキー・

パーソナリティーのトップ4だと思うか聞いてみよう。あなたのどんな行動からそう判断したのか、例を挙げてもらうといい。

そして、その4つに関連性がないか、あるいはそれが自分で出した分析結果と比較してどうかを確認してほしい。他の人と極端に異なる回答をした人や、気になる回答をした人がいたら、疑問点を放置せず、話し合ってみよう。

最後に

成功につながる素質を見つけるには、まずどこを探すべきだろうか？

19世紀、テンプル大学の創設者ラッセル・コンウェルは提言した。まず自分の裏庭を探してみなさい、と。成功関連の本を書いている現代の作家たちも同じ意見だ。

パウロ・コエーリョのベストセラー小説『アルケミスト』（邦訳・角川文庫）は、現代版の成功文学だ。羊飼いの少年サンチャゴは、〝莫大な富は成功の秘訣だ〟という幻想に取り付かれ、エジプトのピラミッドへ向けて旅立つ。その下に眠っているという伝説の黄金を求めて。

サンチャゴは、数々の冒険、賢い師たちとの様々な出会いを経て、本質的な知恵を学ぶ。成功の秘訣は、自分自身の中にある。「自分の運命」の中に。

そのことに気づいたサンチャゴは、探していた富は、旅の出発点であるスペインの木の下に埋まっていると悟る。彼はスペインに戻り、宝を掘り起こし、一生幸せに暮らす。旅で出会った愛するファティマと共に。『アルケミスト』は２００万部を超えるベストセラーとなった。

この章で、あなたは「自分の心」という裏庭から興味や適性、キー・パーソナリティーを掘り起こした。それらに結びつくような経験に取り組み、自発的に、そして地道に努力することだ。そうすることで、成功するための素質を育てることができる。

結局、わたしたちが見てきたすべての例は、自分の中の本物の素質を見つけ、磨いてさらに生かすというプロセスを実現した例ばかりだったと言える。

ジュリア・チャイルドの身に起きたように、往々にして、運命的な瞬間に興味や情熱が燃え上がる。そのとき突然、あなたのスキル・経験・個性が一体となって流れ出し、人生の新しい道が浮き上がるのだ。何があろうと、あなたは自分の心に耳を傾け、性格の強みを生かすより良い方法を探し続けるべきなのだ。

第５章のポイント

あなた独自の素質の組み合わせを探ろう

ダイヤモンドを探そうとして遠くに行ってはいけない。それはすでにあなたの裏庭にある。以下はすべてあなたのダイヤモンドだ。

- 興味と情熱
- 適性とスキル
- 過去の経験
- 性格の強み

成功に必要なのは、世界レベルの才能ではない。上に挙げた複数の素質の、あなたにしかない〝組み合わせ〟から、成功は生まれるのだ。

第6章

モチベーション――自分に火をつける

成功の火は、自然に燃え上がるものではない。
成功したければ、自分で自分に火をつけねばならない。

――フレッド・シェロ（プロアイスホッケーチーム・コーチ）

第5章では、あなたの武器となる「ダイヤモンド」を見つけるために、興味や情熱、スキル、性格の強みについて検討した。この章では、それらの素質を実際に発動させるのに必要な、モチベーションを探っていこう。

2種類のモチベーション　内発的な満足感・外発的な報酬

モチベーションに関する重要なポイントは、成功には2種類のエネルギーが必要だということだ。

1つ目は、生まれながらに持っている内発的な「満足感ベースのモチベーション」である。何かをせずにはいられないと思うような欲求のことだ。これは、じわじわと燃えるタイプのエネルギーだ。

このモチベーションは、あなたが目指すべき方向を教えてくれる。同時に、あなたが前進し続けるためのエネルギーを確実に、かつ継続的に補給してくれる。

2つ目は、お金や名誉を求める競争心という外発的な「報酬ベースのモチベーション」である。これは激しい、差し迫ったタイプのエネルギーだ。

このタイプのモチベーションは、ここぞというときに、アドレナリンを放出し、あなたを奮い立たせて、パフォーマンスを向上させてくれる。

多くの自己啓発書は後者の外発的な「報酬ベースのモチベーション」を軽視している。成功に必要なのは情熱に従うエネルギー、つまり内発的な「満足感ベースのモチベーション」だけだと主張する。しかしわたしは、この考え方に強く異議を唱えたい。

確かに「満足感ベースのモチベーション」は、その仕事への興味と情熱を長期にわたって持続させるには非常に重要だ。しかし外発的な「報酬ベースのモチベーション」がなければ、最高の成果を出すために欠かせない強烈な意欲が生まれない可能性がある。

事実、わたしの同僚であるペンシルベニア大学の心理学者アンジェラ・ダックワースは、外発的な報酬はＩＱのスコアさえ上げられることを明らかにした。こどもたちにあらかじめ「ＩＱテストの成績が良かったらご褒美をあげよう」と伝えるだけで、ＩＱのスコアは15ポイントも上がったのである。

様々な分野の試合やコンクールが証明しているように、最高のパフォーマンスは、内発的なモチベーションと外発的なモチベーションの両方が組み合わさったときに生まれるのだ。

◉――2つのモチベーションのバランスを考えよう

人間のモチベーションはどこから来るのか、そしてどんな性質を持っているのかについては、長年多くの研究がなされてきている。現在では、モチベーションは脳内化学物質により生じるという見解で、おおむね学者たちの意見は一致している。

脳の報酬中枢から分泌されるドーパミン、エンドルフィン、オキシトシン、アドレナリン、セロトニンといった神経化学物質の供給量やバランスによって、快・不快の精神状態が決まる。人間は物心がつく前から、快楽につながる経験を求め、反対に、苦痛や不満を引き起こす経験を最小限にしようと努めている。

人間の欲求には段階があり、人間はそれに沿って進化していく。欲求の種類はそれほど多くない。専門家によって意見が分かれるが、以下の6つに分類してよいだろう。

・衣食住と生殖に対する、原始的欲求
・喜び、満足感に対する欲求
・社会に受け入れられたいという欲求。仲間意識・所属意識に対する欲求
・自立した行動に対する欲求。有能感への欲求
・ステータス・権力・財力に対する欲求。それらを自分でコントロールする欲求
・人生の意味や自分の使命に従う欲求

程度の差こそあれ、人はこうした欲求からモチベーションを得る。この中からあなたの最強

のモチベーションとなる欲求を特定したい。そのために、後ほど、前章のSAME診断を活用しようと思う。

これは間違いなく有効なアプローチだ。数々の研究によれば、脳内化学物質による報酬が、その人の脳にとって嬉しい種類のものであると、その人は報酬を得るためにがんばれるからだ。この現象は、心理学では「クレスピ効果」として知られている。1940年代に初めてこの現象を実証した学者にちなんだ名称だ。研究では、ネズミが、トンネルの先に2倍の報酬が用意されていると思うと、2倍の速さでトンネルの迷路を駆け抜けた。

モチベーション研究には100年以上の歴史があるにもかかわらず、いまだに学者たちは、満足感ベースと報酬ベースのどちらのモチベーションがより重要かを議論している。

伝統的な見解の学者たちは、外発的な報酬ベースのモチベーションが優位だと考える。20世紀半ばまで科学者は、人間は子犬と同じく条件付けによってものごとを学ぶと考えていた。つまり「報酬と罰」による学習だ。

同時期に生まれた経済学の考え方も、同じような人間行動原則に基づいていた。その理論は簡単に言ってしまえば「せっけんをもっと売りたければ、安くしなさい」「九九を覚えさせたければ、褒めてやりなさい」といったものだった。

こうした単純な見方は、ある研究により、複雑なものになった。報酬や罰といったモチベーションがなくとも、ネズミやサルは新しいエリアを探検したり、困難にぶつかったときは助け合い、(サルの場合だけだが)パズルを解くのを楽しんでいるように見える。確かに、動物は手に入れられるはずの外発的な報酬を無視して、こうした満足感ベースの活動を続行することがある。

この発見により、内発的動機付け(わたしが「満足感ベースのモチベーション」と呼ぶもの)の調査が急増することとなった。そして研究者たちは飲食、生殖、快楽などへの欲求だけでなく、社会的帰属感や有能感《コンピテンス》(人生経験において、自分は自立的に行動し、有能に作用を及ぼすことができるという感覚)への欲求が動機となることを見いだした。

満足感ベースのモチベーションについて書かれた優れた書籍『モチベーション3・0』(邦訳・講談社)で、ダニエル・ピンクは満足感ベースのモチベーションを、「自由、挑戦、目的」に対する生まれながらの欲求と表現している。

この新しい研究テーマは、さらなる広がりを見せている。内発的満足感を求めることと、外発的報酬を求めることは、ときとして両立することのできない、相容れないものであるという点が着目された。つまり外発的報酬を追い求めると、内発的な満足感を阻害する可能性があり、最悪の場合は完全に損なってしまうことが明らかになっている。

具体的な例で説明するとこういうことだ。あなたが、絵を描くのが大好きなアマチュア画家だったとしよう。あなたはあるときから、お金のためだけに絵を大量生産するようになった。

いつしか、絵を描く行為は、延々と繰り返されるただの〝日課〟となり、絵を描く喜びの感覚は失われてしまった……。

報酬ベースのモチベーションに完全に支配されてしまうと、その人はいずれ燃え尽き症候群になる。ワシントンの心理療法士、ダグラス・ラビエルの著書『Modern Madness:The Emotional Fall out of Success(現代の狂気──感情面において成功から脱落した人々)』には、対外的には成功を納めたエグゼクティブの、内面的な挫折の記録が、これでもかというほどたくさん収録されている。

彼らの非現実的な目標はエスカレートし、それに向かって邁進するほど、家族との関係は危うくなり、仕事に倫理的な問題があっても、見て見ぬふりをするようになる。その結果、落ち込み、引きこもり、不倫やアルコールや薬物の乱用といった、自己破壊行動に出る。

あなただって、いくら大金をつぎ込んでも、ストレスや不幸な気持ちをまぎらわせないとなれば、手を抜いて雑な仕事をしたり、不正な手段で目標を達成したり、経費を水増ししたりするかもしれない。そうなってしまえば、そのときにはもう仕事以外の家族や友達、余暇活動、スポーツ、その他の趣味に満足感を求める気力すらまったく残らないはずだ。

もしあなたがきついだけで満足感のない仕事をしていて、そこから得られるのはさらなる仕事だけだというのなら、変化を起こさなくてはいけない。

満足感ベースのモチベーション　性格の役割

内発的な「満足感ベースのモチベーション」について書かれた本では、それが万人にとって有効なモチベーションであるかのように語られる傾向がある。

しかしモチベーションというのはそういうものではない。わたしのウォートンの同僚アダム・グラントは、同じ仕事であっても、人によって異なるモチベーションが必要であることを実証した。彼はコールセンターなどの複数の労働環境において研究を行い、仕事を的確にこなすよう挑戦することがモチベーションになる人もいれば、その仕事の意義を理解しなければモチベーションを高められない人もいることを確認している。

その研究では、コールセンターの全従業員を、彼らの仕事から直接的に恩恵を受けている人たちに引き合わせた。その結果、仕事に真面目で働き者の従業員は、生産性の面で一切変化が見られなかった。しかし、比較的真面目でない性格の従業員は、こうしたイベントで仕事の意義に対する理解を深めた後、より一生懸命働くようになったのである。

つまり万人にとって有効なモチベーションがあるのではなく、どんな活動に満足感を覚えるかは、人によってある程度決まっているのだ。

外向型の傾向が強い人は、日々人と交流する必要のある仕事に取り組む方が、より大きな満足感を得られる。彼らは、その交流からエネルギーを補給することができる。また、知識型の傾向が強い人は、抽象的な概念と向き合う仕事をすることで、大きな満足感を得られる。

ＳＡＭＥ診断テストは、あなたのモチベーションを見つける有力な情報源である。あなたの性格が、あなたの仕事に合っていれば、あなたは仕事のモチベーションの〝無料乗車券〟を手にしたようなものだ。あなたは、今の仕事からエネルギーと満足感を得ることが、遺伝子によって決められている。つまり長期にわたって努力しても燃え尽き症候群になるリスクは低いということでもある。そのような、性格と相性の良い活動を見極めることが、〝やりがいのある仕事〟を探すことにもつながる。

ポイントは、あなたの性格に向いていそうなことを見つけ、それをやる機会をできるだけ増やすことである。

例えば、わたしが交渉術の研修で会った海軍特殊部隊のＳＥＡＬｓの隊員などのように、行動傾向が「冒険型」で、アドレナリンがみなぎるような刺激的な生活を求めている人は危険なことに惹かれ、そこからモチベーションを得る。ＳＥＡＬｓのモットーは「平穏な日々は昨日まで」。彼らは最も危険な任務に取り組むときに、最もモチベーションが高まるのだ。

性格と仕事の相性が良ければ、モチベーションを維持しやすい。そしてここぞという状況では、報酬ベースのモチベーションで一気にやる気を燃え上がらせることができる。

この点を分かりやすく説明するために、以下にSAMEのカテゴリーごとに1つずつ、計4つの事例を紹介する。その事例を読みながら、自分に問いかけてみてほしい。あなたにとって、エネルギーを消耗させるどころか、むしろエネルギーを生み出す活動とは、どんなものなのかを。それが分かったら次は、日常生活でそのような活動に携わるチャンスを探してみよう。

S：社会的スタイル――人との交流に意欲を感じる人の場合

両親に誓った約束を守るため、ジェイムズ・ハーは彼の一族が経営するペンシルベニア州の養鶏場を継ぎ、21歳まで続けた。しかしその生活は孤独で、彼は物足りなさをぬぐえずにいた。後にハーの息子は「父は自分を外に連れ出してくれるような仕事をしたかったんです。人と触れ合いたかったんです」と語っている。

1946年、ハーは婚約者のミリアムとともに、創業間もないポテトチップメーカーを1750ドル（約18万円）で買い取った。彼らは、日中にポテトチップを作り、夜は1件1件家を回ってそれを売った。2人のポテトチップは評判を呼んだ。

そのビジネスは、数十年後には、ハー・フーズという企業にまで発展した。従業員数1000人以上、年商1億ドル（100億円）を誇る大企業である。

ハーが成功した主な要因は、人との交流が大好きだったことにある。彼には営業の才能があった。彼は顧客の名前に加えて、全社員のファーストネームを把握し、やる気を出させた。従業員が高水準・高品質のポテトチップを生産するように、モチベーションを与えたのだ。

地元では、彼はやり手のビジネスマンとして知られていたが、それと同じくらい、信心深く寛大な人物として知られていた。多くの慈善行為を行ったが、売名行為と見なされる可能性を考慮して、その事実は公にしなかった。会社を売って莫大な現金を手にするチャンスもあったが、そうすることはなかった。

ハーはビジネスを利用して、自分の価値を高め続けたのである。ジェイムズ・ハーは外向型だった。彼は、人と交流し、話をするのが大好きだった。

自分に問いかけてみよう。あなたは何から、エネルギーを得ることができるだろうか?

A:行動傾向──リスクへの挑戦に意欲を感じる人の場合

ラウラ・デッカーはオランダの女性だ。困難やリスクのない生活にはすぐに飽きてしまうタイプである。同時に、内向型のため、1人で過ごす時間も大切にしている。彼女はヨット競技というスポーツを通して、これら2つのモチベーションを結びつけた。

デッカーは船上で生まれた。7年計画の世界一周航海をしていた両親が、ニュージーランドに停泊していたときのことで、その後、人生の最初の数年を海の上で過ごした。

一家でオランダに戻った後は、6歳のときに初めてヨットで一人旅をする。小型ボートに乗って地元の湖を横断したのだ。そして13歳のとき、早くも世界一周航海を計画し始めた。デッカーが問題視されるようになったのは、彼女が10代前半にして、オランダからイングランドまで単独航海をしたときのことだ。イングランドの行政官は、父親がイングランドまで来て、船で彼女を母国まで送り届けるべきだと主張した。

そして、世界一周計画が正式に公表されると、今度はオランダ当局が介入してきた。出発差し止めの裁判所命令を取得し、無謀な旅をするにはデッカーは若すぎると反対したのだ。

彼女は堪え忍んだ。最終的には、裁判所の命令は解除され、2011年1月20日、セント・マーチン島を出航したデッカーは、世界を一周し、2012年1月21日に同島に帰還した。ギネス・ワールド・レコーズは、青少年を危険にさらす無謀なチャンレジを助長することがないように、2009年の時点で若年層の航海記録の認定をやめていたことを明かした。

たとえギネスに認定されなくとも、彼女は記録を作ったことを喜んだ。デッカーのブログの最後の書き込みには、彼女のキー・パーソナリティーがよく表れている。デッカーによると、旅は彼女にチャンスを与えてくれたという。「自分自身について学び、世界について学び、ずっと抱えてきた夢を実現するためのチャンスを」

M：思考傾向――知ることに意欲を感じる人の場合

スティーヴン・ホーキングは、ケンブリッジ大学に在学中の21歳のとき、ALS（筋萎縮性側索硬化症）と診断された。ALSは脳と脊髄の神経変性疾患である。最終的には体のコントロールがまったく利かなくなり、通常2～3年で死に至る。

病状が進行するにつれて、ホーキングはどんどん身体機能を制限されるようになっていった。28歳のときには完全に麻痺し、車いす生活になった。

43歳で、24時間体制の看護が必要となる。そしてついに、1つの手段でしか意思疎通できなくなった。彼は、目の動きで文字を選んで言葉を綴り、それをコンピューターと音声合成器を通して伝達した。最近では、頬の振動を小さな赤外線センサーに読み取らせ、コンピューター画面に映される言葉を選ぶという方法を使っている。彼の場合、1文完成させるのに10分かかることもある。

このような障害に直面しながらも、ホーキングは目覚ましい発見を世に送り出し続けている。それらは天体物理学を変え、ブラックホールや、宇宙の創生を説明するビッグバン理論といった概念に対する、現代人の理解に革命をもたらした。

「わたしの目標はシンプルです。宇宙を完全に理解すること。なぜ宇宙が今のようになったのか、そもそもなぜ宇宙が存在するのかを理解することです」と彼は言う。わたしたちを取り巻く世界に隠された〝パターン〟を理解したいという、途方もなく大きな衝動が、彼の人生を他にはない特別なものにしている。

E：感情的気質——感情を表現することに意欲を感じる人の場合

感情表出型の人には感情のはけ口が必要だ。何らかの形で芸術に関わる情熱的な人生を生きることが、そのモチベーションを生かす理想の道である。

20世紀前半の最も有名な文化人グループは、ブルームズベリー・グループの名で知られている。そのゆるやかな組織は、ロンドンに住むイギリス人芸術家や知識人から成り、中には、小説家のヴァージニア・ウルフや経済学者のジョン・メイナード・ケインズなどがいた。このグループから生まれた、ヴィタ・サックヴィル＝ウェストとヴァイオレット・ケッペルの関係は、現代における女性同士の恋愛関係としては特に有名である。

彼女たちの情熱的な、社会的慣習にとらわれない関係は、ヴァージニア・ウルフの『オーランドー』をはじめ、当時だけでも3冊、その後の数十年ではそれ以上の数の本の下地となった。愛するヴィタへの手紙で、ヴァイオレットは「天は、品はあるが野暮ったい美徳、時間厳守、誠実、貞節、几帳面などからわたしたちを守って下さる」と書いている。ヴァイオレット・ケッペルの、活発で自意識の強い精神生活は、彼女の芸術、詩、その他多くの著作の土台となった。また、彼女は文学者の自由奔放なライフスタイルの模範となった。

感情的な性格の人にとって、自己表現は必然である。彼らにしてみれば、親しい人間関係においても、何らかの芸術活動においても、自己表現するのに特別な労力はいらないのだ。

ここで、あらためてあなた自身の性格をじっくり振り返ってみよう。あなたが1番に思いつくモチベーションは何だろうか? あなたはそのモチベーションを最大限に生かすことをしているだろうか? 成功の可能性を高めるには、自分のモチベーションとなることを、人生の中心におく重要な活動に結びつけなくてはいけない。

◉——モチベーションを維持する やる気を補給する6つの習慣

人は日々、様々な困難にぶつかり、それを乗り越えなくてはならない。そのためには、都度モチベーションを補給する手段が必要だ。

「成功の授業」では、わたしは生徒たちにある演習をやってもらう。モチベーションを維持するために行っている習慣・方法を挙げてもらうのだ。

生徒たちが挙げる〝モチベーション補給作戦〟のバラエティの豊かさには、いつも驚かされる。シャワーを浴びる、ひたすら歩くといったシンプルなものから、目覚まし時計に自分の声を録音するという手の込んだものもある。

以下に、モチベーションを生み出すのに効果的な6つのテクニックを紹介する。実生活でこのテクニックを試し、モチベーションをうまく維持できるかどうか、確かめてみてほしい。

1　仲間に対して責任を持つ

仲間に対して責任を持つことは、モチベーションにつながる。グループを作って、お互いに支えとなることで、全員のエネルギーを強化することができるのだ。

デボラ・ビアルという女性は、頭脳明晰でありながら成績の振るわない、スラム街の高校生を大学に進学させるプログラムを立ち上げ成功させた。今や8つの街の600人が彼女の生徒だ。そして生徒の通う大学は40校に及ぶ。進学後の成績もよく、90％が卒業し、50％が優等生名簿に登録され、25％は学業で表彰されている。

「10代の青少年たちは、仲間と同じ方向を向く傾向が強い」という気づきが、このプログラム〝ポッセ基金〟の発端だった。頭は良いが、SAT（大学進学適性試験）の点数や学校の成績から一流大学には合格できないと判断される低所得層の生徒たちを、同一市内から選抜し、1グループとする。そのグループ単位で同じ大学への入学を目指すのである。

グループはメンバー全員の責任を持つ。仲間に刺激され、メンバーは全員きちんと宿題をやるし、グループとしての誇りも持てる。10代の生徒に、支えとなる仲間を与えるという方法で、ビアルは、他者からの敬意という強力な外発的動機を活用したのである。

この原理は、団体スポーツにおける成功の秘訣でもある。

スポーツにおけるモチベーションに関して、特にわたしが気に入っている逸話を紹介しよう。

わたしの地元、フィラデルフィアで活動しているプロスポーツチームの話である。

1974年、NHL（北米プロアイスホッケーリーグ）の加盟チーム、フィラデルフィア・フライヤーズは、チーム史上初のスタンレー・カップ優勝まであと1勝というところに来ていた。スタンレー・カップは、野球で言うところのワールド・シリーズだ。

その第6戦は、シリーズ最後のホーム戦であり、優勝カップを手にする絶好の機会だった。たいていのコーチなら、熱弁を振るってチームを奮い立たせるかもしれないが、フレッド・シェロはそういうタイプではなかった。彼は物静かで内向的なコーチなのだ。

シェロは試合前、ロッカールームの黒板に一風変わったメッセージを書くのが好きだった。中でも本人が1番気に入っているのは、献身の重要性を説いたこの言葉だ。

「君たちが朝食で食べるベーコンエッグのために、鶏は卵を差し出す。しかし、豚はその身を捧げる」

スタンレー・カップの当日、ロッカールームに入る選手は全員、ドアをくぐるなり順々に黒板を見た。シェロの今日のメッセージを確認するためだ。そこにはこんな走り書きがあった。

「今日勝てば、わたしたちは永遠に一緒に歩いていける」

息が詰まるような接戦の末、チームは1対0で優勝を果たす。フィラデルフィアのスポーツ史上、あれほど街中を感動と興奮の渦に巻き込んだ出来事は他にない。

鬼才フレッド・シェロのメッセージは、この章のはじめに挙げた人間の6大基本欲求のうち、

3つに訴えかけている。

まず「今日勝てば」という言葉は選手たちにチャンピオンという「ステータス」の獲得を連想させる。また、「一緒に歩いていける」という言葉は「仲間意識・所属意識」に対する欲求に訴えるものだ。そして「永遠に」という言葉は、そのモチベーションを1段階引き上げて、「人生の意味や自分の使命」を感じさせるものにしている。実際、彼らのその日の活躍はフィラデルフィアの歴史に永久に刻まれたのだった。

2　手本となる人を探し、関わりを持つ

もう1つ、モチベーションを維持する方法として誰にでも有効なのは、刺激を与えてくれる手本となる人物を探し、その人と関わりを持つことだ。

似た方法に、やる気の出る名言やCD、本を集めるという方法もある。あなたが必要としているメッセージを与えてくれるスピーチを探す、というのもこの範囲に入るだろう。

わたしはあるとき、成功の研究の一環で、フィラデルフィア南部にある巨大な屋内競技場に出かけた。目的は「モチベーション・ゲット!」という1日がかりのセミナーに参加すること。地元新聞の全面広告で、大々的に参加者を募集していたのだ。

出演者は、元ニューヨーク市長ルドルフ・ジュリアーニや、元国務長官コリン・パウエルなど、手本となる人物ばかりだ。たった5ドル（500円）で、その人たちの話を聞けるのである。

しかしわたしが惹かれた一番の理由は、82歳の演説家、ジグ・ジグラーの話を聞けるからであった。ジグラーのような大御所が聴衆に魔法をかける姿を、生で見られるチャンスはそうそうあるものではない。彼は近いうちに引退するかもしれないし、話を聞いておきたかった。

他の演説者とは異なり、ジグラーには、スポーツで優勝したとか、国を脅威から守ったというような功績はない。しかし営業研修界では彼はスーパースターだ。

ジグラーがプロの講演者としてのキャリアを開始したのは、1970年代のことだ。最初はキリスト教の教えを伝えていたが、徐々に営業職のモチベーション向上や成功というテーマにシフトしていった。これまでに多くの本やテープを売り上げている。

わたしはジグラーを尊敬している。なぜなら、彼は自分のことを偉大な人間だと思い込んでいるようには見えないからだ。一部のカリスマのように、有名人に影響を与えたかのようなそぶりを見せることもない。

ジグラーは期待を裏切らなかった。会場の真ん中にある壇上に飛び乗った瞬間、年齢などどこかへ吹き飛んだ。彼は、宙を狙うように指さしながら、強く呼びかける。1日1日を、一生懸命、目的を持って生きましょう、わたしも毎日そうやって生きてきたのです、と。ジグはこのスピーチを数え切れないほど繰り返してきたのだろうが、ひと言ひと言を、あたかも今その場で思っていることであるかのように語りかけた。

「お金は人生の最重要項目というわけではありません。でも、必要性という意味では、空気と比べてもそこまで見劣りはしないでしょう」

上品な口調は、ギアが入ったとたん、一気に庶民的な印象に変わる。彼は、心の辞書から「失敗」という言葉をきれいさっぱり消してしまいなさいと説いた。

「失敗から学ぶ限り、あなたは、けっして、完全に負けたわけじゃない！」

最後は、決めぜりふで締めくくった。自身の成功の秘訣を、ひと言でまとめたのだ。

「欲しいものは何だって手に入れられます！　ただ、他の人が欲しいものを手に入れられるように、助けてあげるだけでいいんです！」

割れんばかりの拍手を受けながら、ジグはステージを降りた。

仕事で方向性を見失ったような気がするとき、行き詰まりを感じるとき、再び歩き始めるためには、刺激を受けるのが1番だ。また、力のこもった、実のある良いアドバイスを聞くのも効果的だ。

3　モチベーションを高める儀式を習慣にする

気分を盛り上げるのに、音楽ほど効果的なものはそうそうない。フィットネスクラブでは、多くの人が、お気に入りの曲を聴くことできついトレーニングを乗り切ろうとしている。

団体競技のスポーツでは、全員で音楽を聞く儀式を通じて試合前に士気を高めることが多い。

動機付けの手段としての音楽を研究しているある運動心理学者のグループは、高校のフットボール部員から以下のような報告があったと書いている。

試合前に一番重要なことは、フィル・コリンズの「イン・ジ・エアー・トゥナイト」を聴くことじゃないかと思う。聞くときは電気を全部消します。スローな曲だけど激しくなる箇所があって、その瞬間、みんな、叫びながらロッカーを殴り始める。そうしてから、ぼくらはバスに乗り込んで試合に向かいます。

人間の意識は、連想に反応するようにできている。チョコクッキーの匂いがすれば、たとえ空腹でなかったとしてもつばが出る。

モチベーションにも同じことが言える。音楽は最強の連想誘発要因だが、それ以外でも、モチベーション向上の儀式を習慣化しさえすれば、やる気は活性化できる。

とびきりおいしい夕飯を作りたいが、モチベーションが上がらない。そんな人は、作り始める前に必要な道具をすべて出してきちんと並べることを儀式にしよう。モチベーションの儀式を習慣にすれば、なかなかやり出せないことを実行するのがぐんと楽になる。

テストで良い点を取るためにモチベーションを上げたい。そんな人には、わたしの生徒の話が参考になるかもしれない。

重要な試験を受けるときには必ず、面接用の衣装で身を固めてくる女生徒がいた。大げさだと、クラスメートたちは彼女をからかったが、最後に笑ったのは彼女の方だった。卒業式で表彰されたのだ。しかも卒業後は優秀な成績を足がかりに、希望の仕事に就いた。

4 自分自身と競争し、ごほうびを与える

わたしたちは労働の対価として会社から給料を得られるし、業績を表彰してもらえることもある。しかし競争は、こうした外発的なものである必要はない。実際、多くの人が心の中での競争、賞罰、仕事上の課題を作り出すことで、自らやる気を引き出している。

起業家メアリー・ケイ・アッシュ（メアリー・ケイ・コスメティクスの創業者）はかつてこのように言った。「競争は非常に強力なモチベーションになる可能性があります。でもわたしは、最も効果がある競争は自分との戦いだということを学びました」

運動、ダイエット、勉強、仕事などで自分と戦う1つの方法は、自分用の〝アメとムチ〟を作ることだ。作家ジョイス・キャロル・オーツは、たくさんの本を書き続けるモチベーションの保ち方を記者に明かした。

実は彼女は掃除魔だった。「掃除機をかけていると、とても幸せな気分になる」のだそうだ。そこで彼女はそれをアメにして、執筆中の仕事を着々とこなし続けた。「掃除はわたしにとって、仕事をやり終えたときにもらえるご褒美なんです」

5 成功して他人を見返す

あなたは今までに、こう言われて傷ついたことはないだろうか? 「あなたにはできないよ」「諦めた方がいいんじゃない?」と。そこまではっきりとは言われなかったとしても、自分に対する評価に悔しさを感じたことはないだろうか?

その屈辱をモチベーションに変えよう。これは、わたしの生徒たちが「見返してやる作戦」と呼ぶ戦略だ。ただしこの作戦には欠点がある。他人のものさしで自分を評価するのが前提となっていることだ。しかし、実際、多くの人のキャリアがこのモチベーションの上に築かれている。

例えば、ユーモア作家のジョージ・プリンプトン。畑違いの業界に体当たりで飛び込み、その体験を綴ったシリーズの本で賞を取った作家だ。プロ・フットボール・チームでプレイをし(『ペーパー・ライオン』)、メジャー・リーグでピッチャーを務め(『遠くから来た大リーガー』)、ハーレムにあるアポロシアターの舞台に立った(短編「アイ・プレイド・ジ・アポロ」)。

彼は、高校時代の教師に、成功するはずがないと決めつけられたことを忘れなかった。「高校の指導教官に、ぼくはあなた方が教えていた分野の頂点に登り詰めたぞ、と見せつけること」が原動力だったと後に語っている。

また、彼と同じようなモチベーションを持っている、非営利組織の幹部がいる。彼女は『ニューヨーク・タイムズ』紙の取材に対して、今でも大学教授から受けた屈辱を人生の糧にしていると認めた。数十年前、夏期インターンシップを受けようとしたが教授に断られたのだという。「わたしは、教授の判断が間違っていたということを、一生かけて証明しようとしているのです」と彼女は言った。

6　最強の感情、本能のスイッチを入れる

最強の、抑え難いエネルギーは、本能から生まれる。

例えば、自分と家族を守ることもその1つだ。衣食住の確保、経済的安定、性的欲求の充足。心理学的には、個人の尊厳の維持もこれに含まれる。これらが脅威にさらされれば、すぐそうと分かる。なぜなら差し迫った強い不安や恐れ、怒りを感じるからだ。

人間の生存本能は、脳の感情反応システムと強く結びついている。生存本能によって生じた衝動に抗うことは不可能と言っていい。心拍数が上がり、呼吸は荒くなる。筋肉は緊張する。アドレナリンが噴出する。神経は研ぎ澄まされる。

注目すべきは、成功している人々は、たいてい生存本能を良い方向に誘導しているという事実だ。生存本能から生まれる衝動は、最も明るい火をつける燃料となる。

わたしはこの章の扉でフレッド・シェロの言葉を引用した。「成功の火は、自然に燃え上がるものではない。成功したければ、自分で自分に火をつけねばならない」

競争の激しいスポーツの世界で生きてきた人、締め切りと戦ってきた人、いちかばちかの取

引を交渉してきた人、舞台に立ってきた人――そういう人たちはみな知っていることだが、強い感情的衝動は成功に不可欠と考えられる。

わたしは以前、友人の弁護士から、生存本能から発生するモチベーションをうまく利用したエピソードを聞いたことがある。彼はちょうど、何億ドル(何百億円)もの訴訟和解金の交渉を成功させ、倒産の崖っぷちに立たされていたある企業を救ったばかりだった。

「相手方の弁護士に、ぼくは頭がヤバくて危険なやつだ、って信じ込ませたんだ」と彼は言った。「今回のことは、真夜中の路地で出くわしたハプニングだって思わせたかったんだよ。あいつは狂犬だ、ギャンギャン吠え散らして、いつ飛びかかってくるかわからない、ってね。企業の生き残りをかけた訴訟では、そういったやり方が効果的な場合もあるんだ」

その友人は、わたしの知る限り最も知的な男性の1人なのだが、あえて本能のスイッチを入れたのだ。家族を強盗から守るときと同じ種類のエネルギーを訴訟に持ち込んで、見事勝利を収めたのである。

このようないちかばちかの作戦は、万人向きではないが、生存本能をうまく利用できれば、一時的ではあるが強力なモチベーションの供給源を見つけられる。

ただし、このモチベーションの供給源に頼りすぎると、極度のストレス状態にさらされ、心臓病のリスクを高める危険があることはひとこと忠告しておきたい。

最後に

最後に補足しておきたいことがある。この章で話してきたことはすべて、ある避けることのできない事実に基づいている。それは、この世でライフワークを達成するために与えられた時間には限りがある、ということである。

わたしは、「成功の授業」の課程が半ばを過ぎる頃、授業のはじめに「３２８５０」という数字を黒板に書く。そして授業が終わるまでにその数字の意味を解明できるか、生徒たちに挑戦してもらう。あなたも今考えてみてほしい。何か思い当たるものはあるだろうか？

わたしは授業の最後に種明かしをする。それは運良く90歳まで生きられた場合、人が一生の間に生きる日数だ。１日過ぎ去るごとに、その数は1ずつ減っていく。

この事実をしっかりと直視すれば、何もかも変わる。人生そのものが、何ものにも勝る刺激的なモチベーションになるからだ。

スティーブ・ジョブズが２００５年、スタンフォード大学の卒業式でした有名なスピーチを例に取ろう。わたしが「はじめに」で引用したスピーチである。印象的なのは、彼が自分の死を意識することでモチベーションを高めていたことを、詳細に語った部分である。

17歳の頃、こんな感じの文章を読みました。「1日1日を、最後の日だと思って生きなさい。いずれ必ずそうなる日が来るから」それがとても印象に残り、それ以来33年間、わたしは毎朝鏡を見て自分にこう問いかけました。「もし今日がわたしにとって最後の日だったとしたら、今日やろうとしていることを本当にやりたいだろうか？」と。「ノー」という答えが何日も続いたら、何か変える必要があるということです。

いずれ自分は死ぬのだと意識しておくこと——わたしが知る限り、人生で重大な選択をする際にこれ以上に役立つことはありません。なぜなら、ほとんどのものごと、外部からの期待、プライド、屈辱や失敗に対する恐怖心などは、死の前では消え失せてしまうからです。

後には本当に重要なものだけが残ります。……人間そもそも裸一貫。心に従わない理由がありません。

「自分に火をつける」のに理由がいるならば、わたしはこう言いたい——一度きりの人生なのだ、目的を持って精一杯生きてみたらいいではないか。記憶に残る人生を生きてみたらいいではないか。人生、だめでもともとだ。

さて、今のあなたは、旅の次のステージに進むことができる。次のステージで、あなたはさらに深い場所へ進むことになる。

第6章のポイント

内発的モチベーションと
外発的モチベーションを組み合わせる

やる気を生み出すエネルギー源は2種類ある。1つは報酬などの、一気に燃える「外発的モチベーション」。もう1つは満足感などの、じわじわ燃える「内発的モチベーション」。
前者だけに頼れば、燃え尽きてしまう。後者だけに頼れば、いざというときに馬力が出ない。
2つのエネルギー源を使い分け、適切に組み合わせることが成功の秘訣である。

SAME診断テストで分かった性格の強みと相性の良い仕事をすると、モチベーションを維持しやすい。それが難しい場合は、今の仕事の中で、自分の性格に合ったモチベーションを作り出せないか、考えてみよう。

随時モチベーションを補充しよう。そのために、有効な方法は以下の通りだ。

・仲間に対して責任を持つ
・手本となる人を探し、関わりを持つ
・モチベーションを高める儀式を習慣にする
・自分自身と競争し、ごほうびを与える
・成功して他人を見返す
・最強の感情、本能のスイッチを入れる

第7章

自信——リスクを恐れず前に進む

スタートで一番賢かった人が、ゴールでも一番賢いとは限らない

——アルフレッド・ビネー（IQテスト考案者）

2011年、21歳のプロゴルファー、ローリー・マキロイは、ゴルフトーナメントの最高峰〝マスターズ〟で、最終日を残して首位に立っていた。しかし、その最終ラウンドで4打差のリードを帳消しにしてしまう。最終結果は15位タイ。

3日間終えて首位にいた人物が1ラウンドでこれほど順位を落としたのは、マスターズ史上初めてのことだった。試合直後に、彼はこう言った。「今回のことを教訓に、少しでも成長できればと思います」

その2カ月後、彼は歴代最高のスコアで全米オープンで優勝した。優勝後、2ヵ月前の挫折をこう振り返った。「マスターズは貴重な経験になりました。おかげで、優勝するためには今日、試合で何をしないといけないのか、ぼくは分かっていたんです」

マキロイと、わたしの生徒リンダを比較してみよう。彼女は「成功の授業」で、かつて「セルフ・ハンディキャッピング症候群」と呼ばれる状態に悩まされていたことを打ち明けた。それは、才能がありながら挑戦せず、失敗の回避を優先する精神状態のことだ。

リンダは高校時代、何の苦労もなく良い成績を取ることができた。彼女はこどもの頃から、両親からも教師からも、「とびぬけて賢い」と褒められてきたのだ。

彼女の自尊心はそのイメージに依存していた。実際、最小限の努力で優秀な成績を収められたことが、両親や教師の正しさを物語る確証となった。その確証は、一流大学へ合格したことで、もはや合理的な判断が働かないレベルにまでふくれあがった。

ところが、ウォートンに入った最初の年、リンダはCやD、つまり平均以下の成績を取った。1学期のその成績は、彼女の自尊心の核心を揺るがせた。結局のところわたしはたいして賢くないのかもしれない。この思いは文字通り彼女を恐怖に陥れた。

そこでリンダは意地になって悪い成績を取り続けた。「生まれつき賢い」という自己像を守るために〝勉強しない〟という方法を見つけたのだ。テストの前夜でさえ、パーティーや映画に出かけた。そうすることで自分を納得させられた。「本気出してないから」と。

その頃の彼女は、ひどい頭痛に頻繁に襲われていたが、これもまた言い訳の材料となった。「わたしは頭痛持ちだから、できなくても仕方ないわ」

リンダは最終的にはその危機を克服した。セルフ・ハンディキャッピングの悪循環の元となる〝言い訳を見つけて正当化する癖〟を自覚し、疑うようにしたのだ。「本気出してないから」と言い訳するのはやめた。カウンセラーと定期的に面談し、支援サークルに参加し、新しい勉強習慣を確立した。恐れに打ち勝ち、一歩一歩改善の道を進んだ。

それでも、悪い成績を取ることもあった。なんだかんだ言ってもやはり大学の授業は、それまで彼女が経験したものの中でも群を抜いて手強かったのだ。

しかし失敗することを学んだ甲斐はあった。リンダは学校を楽しむようになり、自分が学んでいることや達成しつつあることに誇りを持ち始めた。わたしと出会ったときには、成績のトップ争いに戻っていた。ウォートンという過激な競争環境で、勝者となる可能性を楽しめるようになっていたのだ。

リンダはローリー・マキロイと同じように、挫折と戦い、乗り越えた。その勝利で、彼女は新しい種類の自尊心を得た。その自尊心を支えているのは、手厳しい〝通過儀礼〟を自分自身で乗り切った実体験だ。以前のように、周りの評価に依存したものではない。

もしあなたが、自身の真価を試す機会を遠ざけているなら、失敗から学ぶ経験が不足しているということなのだ。失敗の恐怖を抑えるのは大変だが、恐怖心に新しい姿勢で臨めるようになれば、文字通り人生を変えられる。

◉──2種類の自信を手に入れる

失敗を恐れず挑戦するには、自信が必要だ。ここからは、「自信とは何なのか」「なぜ正しい自信が成功に非常に重要なのか」を考えていこう。この章を読めば「自信」について、具体的に理解できるようになるはずだ。

自信には2つの段階がある。

まず、わたしが「第1段階の自信」と呼ぶもの。これは、あなたの根本にある深い自己意識と関連している。「自分は自律的・道徳的で、世の中で行動を起こす能力がある」という信念と言い換えてもいいだろう。

これは幼少時に形成されることが多い。しかしリンダのように、人生のどんなステージでも築くことができる。人生の進路を塞ぐやっかいな障害物を乗り越えることで。

「第1段階の自信」は、あなたが尊敬する人々から示される敬意によって植え付けられることもあるし、宗教的体験により培われることもある。

「わたしならできる」という信念が「わたしは誰よりできる」という傲慢さに転換してしまうのは悲しいものがある。わたしが考える、「第1段階の自信」の理想的なあり方は、自己に対する揺るぎない信念を持つと同時に、同じくらい揺るぎない姿勢で自分を磨くことである。

「第2段階の自信」は、あなたが取り組んでいる活動やスキルに関連する。

スタンフォード大学の心理学者、キャロル・ドゥエックは、この分野の第一人者だ。彼女の調査により、新しい興味や職業を習得する一番確実な方法は、努力し、試行錯誤し、積極的に失敗から学ぶことである、ということが立証された。

「全力で取り組めばもっと賢く、もっとうまくなれる」という信念の上に築かれた「第2段階の自信」は、問題解決能力などの実力や、学業成績、仕事の業績を文字通り一変させる。

第1段階の自信　本当の自分を信じる

心理学者ウィリアム・ジェームズはかつてこう言った。

「人間が失敗する原因は1つしかない。本当の自分に対する信仰を失うことである」

ジェームズの言う「本当の自分」とは、深い自己認識を指している。現代の学者たちはそれを「意識」という用語で呼ぶことが多い。あなたが眠りに落ちる瞬間まで意識し、翌日目が覚めた瞬間に再び感じる、自我の一番奥にある核心部のことだ。

人は状況次第で違う振る舞いをするかもしれないが、状況が変わっても「本当の自分」は変わらない。人は「本当の自分」と照らし合わせながら、重要な問題に対する自分の気持ちを探る。「本当の自分」を理解することは、人生で成功するために特に重要なことの1つだ。

古代ギリシャ時代より神聖な場所とされてきたデルフィに、アポロン神殿という有名な神託所がある。古代ギリシャの人々は、そこで神からの神託を授かり、ものごとを判断した。神殿の正面入り口上部にはシンプルな言葉が刻まれている――「汝自身を知れ」と。

古代の人々は知っていたのだ。神託の意図することを正しく解釈するには、まず自分の偏見、野心、性格を理解しなくてはならないことを。

誰の人生にも共通して言える真実が存在する。それは、「リスクを負わなければ得るものはない」ということだ。そしてさらに1段深い、もう1つの真実は「進んでリスクを負うためには、第1段階の自信という確固たる基盤が必要だ」ということだ。

「本当の自分」を発見することが、健全な精神状態を維持するのに極めて重要であることは、現代の心理学者たちも認めている。この、より深い自分について考えた経験がある人は、人生により深い意義を感じる傾向があることが、数々の研究で明らかになっているのだ。

特に、演じている自分ではなく、誰かの要求に応えている自分でもなく、ありのままの「本当の自分」を受け入れてもらえたと感じる経験は、人生最高の瞬間となりえる。

成功のためには、「本当の自分」の中でも、2つの側面が重要である。

1つは、「わたしならできる」という基本的感覚。これはつまり、何に挑戦するにしても、自分はそれを習得するのに必要なものを持っているという信念である。

もう1つは、自分の価値を認め、自分を敬う気持ちである。「基本的に自分は善良な人間で、正しいことをしようと精一杯がんばっている」という信念だ。

哲学者であり、神秘主義者でもあるゲオルギイ・グルジエフはかつて、成功を「清廉潔白な心を自覚しつつ、設定した目標を機知に富んだ手法で実現すること」と定義した。

「本当の自分」に対する信念のどちらか一方でもゆらぐことがあれば、失敗のリスクに立たされる。「わたしならできる」という自信を失えば挑戦に逃げ腰になるし、自分の人格や誠実さ、勇気を信頼できなくなれば、人生の目的を疑問視することになるからだ。

どうしたらあなたはこの基本的な「第1段階の自信」を持てるようになるだろうか？　以下で、獲得に至る3通りのルートを見てみよう。

第❶のルート　信頼する人から「あなたならできる」と太鼓判を押される

以前、わたしの親しい友人が、〝基本的な自信が作られた瞬間〟について話してくれた。それは彼女が8歳のときの出来事である。

彼女は4人兄弟の3番目だ。兄弟はみな年が近く、互いに張り合っていた。彼女は日頃から、兄弟同士の序列で上に立とうと必死だった。彼女に言わせると、「わたしは一番上の兄でもなければ、一番上の姉でもなく、末っ子でもなかった。いつも板挟みだった」からだ。

普通の競争では太刀打ちできなかった彼女は、読書に夢中になった。一家の中で一番の読書家になることにしたのだ。小学3年生の1年間だけで、342冊もの本を読んだ。

「その全部に、感想を書いていたの。でかでかとした、ばかみたいな字で。罫線入りの黄色いメモ帳にね。それで学校の読書賞をもらったわ」と彼女は言った。「そんなことがあって何日も経たないうちに、母さんがわたしをそばに呼んで言ったの。おまえは家族の中で一番賢い、おまえなら大きくなったら、やりたいことは何でもできる、って。あの言葉は絶対忘れない」

そして最後に彼女はこう補足した。その言葉で、「賢い人間」というアイデンティティと、自分の成功を信じる親の期待に応えたいという目標の、両方が芽生えた、と。

このアイデンティティと目標が、学生時代を通して彼女を陰から支えた。もちろん、彼女はすぐに、世の中には自分よりも頭のいい人はいくらでもいると悟った。そしてさらに重要なことに、頭の良さは成功につながる数ある能力の１つにすぎないとも気づいた。

それでも、母親が「やりたいことは何でもできる」と保証してくれたことが、その後何年も彼女の「第１段階の自信」の基礎となったのだった。

「賢い」とほめたからといって、相手が実際に賢くなるとは限らない。こういう言葉は裏目に出ることもある。それを聞いたこどもが、もう一生懸命勉強しなくてもいいんだ、と受け取ってしまった場合だ。あるいは、それが間違っていたと判明することがないように、実力を試さないようにしよう、と考えてしまう場合もある。

しかし、わたしの友人の場合は、その言葉は自分を信じる根拠となり、「実際に賢くなる」ように、彼女をさらに勉強に励ませた。

信頼する人から適切なタイミングでもらった「あなたならできる」という信頼性のあるポジ

ティブなメッセージほど、強力な暗示はない。

暗示の力については、複数の分野の科学者による詳細な記録がある。例えば、医師が胸を張って「この薬で苦痛が和らぎますよ」と患者に言うと、たとえそれが薬の形をした砂糖にすぎなくても、その通りになることが多い。「プラシーボ効果」だ。

科学的医療がなかった時代は、医者が患者の苦痛を和らげる手段はほぼこの「プラシーボ効果」に依存していた。実際、古代ギリシャの医師ガレノスは「医者は、自分は治ると信じている患者ならたいてい治せる」と言っている。

今日でも、一般的に薬や医療措置がもたらす効果のおよそ30%は、前向きな暗示によるものだと言われている。痛みのコントロールでは、その割合はさらに上がる。

プラシーボ効果による治療は、その偽薬の信頼性が上がるほど効果も上がる。偽の鎮痛剤より、偽のモルヒネ注射の方が痛みが和らぐのだ。研究によると、信憑性の高い暗示をはっきりと言葉にして与えた場合、以下のような事象が起きる。

- 偽のひざ手術で、本当にひざの怪我が治る
- 偽のいぼ治療により、50%もの被験者のいぼが消失する
- パーキンソン病と偏頭痛の両方に効く薬の臨床試験という名目で、偽の薬を飲んでもらうと、20%もの被験者が有意な改善を見せる

・インフルエンザの流行期であることを意識させられた人は、そうでない人に比べインフルエンザの症状を訴えることが多い
・偽のウルシを塗布された人には、実際にウルシかぶれによる発疹が現れる

プラシーボ効果を実際に役立てるための本格的な研究は、今始まったばかりだが、脳が体を癒せることは疑いようがない。

また、「教室のピグマリオン」という有名な研究がある。これは１９６６年、ハーバード大学の心理学者ロバート・ローゼンタールとその同僚レノア・ジェイコブソンにより行われた。実験は18クラスを対象とし、教師に、各クラスの何名かの生徒は「才能があり」、その学年の間に「目覚ましい成績の伸びを示す可能性が非常に高い」と伝えた。しかし実際には、その生徒たちは無作為に選ばれており、何ら特別な才能は持っていなかった。

８カ月後、この「才能がある」生徒は、他の生徒よりも有意に高い成績を示した。その生徒たちの多くがＩＱテストで30点もの劇的な飛躍を示したのだ。「もっと伸びるはずだ」という教師の期待が、著しく高い成績につながったのである。

この期待の転移現象（またの名を「自己達成的予言」）は２つの理由が組み合わさって生じる。まず、期待を抱いた側の人間は、相手を他の人とは違うように扱い、より難易度の高い課題を

与えるので、学習内容が増加する。同時に、暗示をかけられた側の人間は、それを自分の能力に対する確かな評価として受け入れ、その結果、一層努力する。

この例からは、あるシンプルな教訓が得られる。それは、「周囲の人の成績・期待が共に高い環境にいるのと、反対に成績・期待が共に低い環境にいるのとでは、結果に雲泥の差が生じる」ということだ。

自分が何をやれると思うかは環境に大きく左右される。ひいては、あなたの自信、がんばり具合、達成する成果も変わってくる。要するに、あなたが思う「本当の自分」とは、往々にして、他の人から与えられたイメージに基づいたものなのである。

プラシーボ効果の場合、その効果は暗示に対する脳内化学物質の反応によるものであり、無意識にもたらされる。しかし成績や業績に関しては、与える期待が高いほど、相手はそれに触発されて多くのエネルギーと努力を注ぎ、さらに好循環を生む。

この好循環の最終段階は、自分の行動を、人から寄せられた信頼に照らし合わせて観察し、「自分は期待通りの人間だ」と結論したときだ。これにより、自分に寄せられた信頼は正しかったと確信し、さらに難しい新しい課題に挑戦する自信が生まれる。

Self check

自信のセルフチェック

心の支えとなる言葉をくれた人

これまであなたに心の支えとなる言葉をくれた人、「わたしならできる」と信じさせてくれた人がいたかどうかを思い出してみよう。勉強、音楽、スポーツ、仕事などどんな領域のことでもいい。その人の言葉で自信を深められたと思う人を、すべて挙げてみよう。

第❷のルート　通過儀礼——大きな試練を乗り越える

通過儀礼というのは、個人的な重大な試練を経験して、自分の能力を証明したという感覚を手にすることである。

研究によると、通過儀礼は年齢や人生のステージとは関係なくやってくる。親との死別、健康上の深刻な危機、失業など、激しい動揺を引き起こす出来事はすべて通過儀礼となる可能性があるという。

人生の試練を乗り越えた人には、「死に対する恐怖心が和らいだ」「物質への執着心が減った」「人との絆が深まった」「新たな自分をよりしっかりと受け止められるようになった」といった意識の変化が見られる。

あなたも、今のあなたにたどり着くまでには様々な困難を克服しなければならなかったはずだ。その困難は、現在あなたの「わたしならできる」という感覚の基礎となっている。人生を先に進めるには、こうした過去の経験を探して見つめ直すのが効果的であることが多い。

わたしの考えでは、人を快適な地帯から引きずり出して潜在能力を活用させる経験はすべて「第1段階の自信」に貢献する通過儀礼となりえる。

・大きな失敗を克服する

・恋愛関係の破局を乗り切る
・自立と創意工夫が必要な、厳しい練習やイベントをやり切る
・女性または男性としてのアイデンティティを受け入れる
・大学や大学院の厳しいカリキュラムをこなし専門知識を深める
・こどもを出産する
・仕事上の危機を乗り越え、有能な社会人としての自己を確立する
・深刻な病気を克服し、健康を取り戻す
・心理面、感情面での落ち込みを乗り越える
・愛する人の死に対処する
・就職、転職、退職をうまく進める

人生でこのような試練が訪れたときに、それを通過儀礼という視点で捉えることができれば、あなたはそれを乗り越えることで自信を深められる可能性がある。

苦しい経験はできればしたくないと思うだろうが、〝試練を受けたことで、自分はより強く有能な人間になった〟と確信し、「第1段階の自信」を手に入れることができるのだ。

自信のセルフチェック2

自信をつけてくれた経験

あなたにとって自信を深めるきっかけとなった重要な経験は何だろうか？　あなたの能力または性格、あるいは両方を成長させてくれた試練を挙げてみよう。

第❸のルート　宗教を信仰する

時代を超えて売れ続ける成功文学の1冊に、『積極的考え方の力』（邦訳・ダイヤモンド社）という本がある。ニューヨーク市5番街のマーブル協同教会で52年間牧師を務めたノーマン・ヴィンセント・ピールによって書かれたものだ。ピールは第1章をこのように書き出している。

「自分自身を信じよう。自分の能力を信頼しよう。自分の力に対して、謙虚でありながらも、確固たる自信を持たなければ、成功も幸福も手に入れることはできない」

続いて、話はある会議でピールに話しかけてきた40歳の男性のエピソードに移る。男性は人生最大の商談に乗り出そうとしていたが、非常に弱気になっていた。彼には「第1段階の自信」が不足していたのだ。

「どうしてなのでしょう」と男性はピールに聞いた。「わたしは今までの人生ずっと、劣等感と自信のなさと自己不信に苛まれてきました」

ピールは男性に2つの対策を提案した。

1つめは、自分の人生を観察して自己不信の原因を見つけること。ピールは、原因を見つけるためには専門家によるカウンセリングが必要で、ある程度時間がかかるかもしれないと伝えた。

それに対し、2つめの対策はすぐに実行できることだった。ピールは聖書の〝ピリピ人へのパウロの手紙〟の1節（第4章13節）を紙に書いた。それは「わたしを強めて下さる方のお陰で、わたしにはすべてが可能です」というものだった。

ピール牧師はこの新しい友人に「今晩家に帰る道すがら、このフレーズを自分に繰り返し言い聞かせて下さい」と言った。さらに寝る前に3回、目が覚めた後に3回、そして重大な会議に行く間に3回唱えて下さい、と。

男性はピールの2つめのアドバイスに従った。そして後日、聖書の言葉は「効果てきめん」だったと報告した。商談を成功させる自信がついたのだという。ピールは、これと同様の話を本の中でたくさん語っているが、彼のアドバイスは次の1点に行き着く。

「劣等感を解消する秘訣は、信仰心をみなぎらせることに専念し、神への大いなる信仰心を発達させることだ。そうすれば、謙虚ながらも非常に現実的な自信を得られる」

わたしは成功に関して様々な研究をしてきたが、信仰心の力ほど、わたしを感銘させたものはない。信仰の対象は、ピール牧師が信じたような伝統的な宗教の教えから、超能力まがいの力まで、様々である。

宗教の力、宗教を装った力、超常的な精神の力――これらの力に基づいて成功を引き寄せようとする思想は、歴史にたびたび登場する。そのため、成功術の動向を研究する学者たちはそれに名前をつけた。これを、「マインド・パワー派」という。

ナポレオン・ヒルの著書『巨富を築く13の条件』（邦訳・きこ書房）は、1930年代に最もよく売れた、マインド・パワーをテーマとした本だ。現代でも、ナポレオン・ヒルの本は多くのビジネスマンに愛読されている。

彼らは、ナポレオン・ヒルの言葉が「第1段階の自信」を奮い立たせてくれた、と言う。その自信がなければ、自分の突飛なアイデアを信じることはなかったし、それゆえに、今のように、かつては不可能だと思っていたことを達成することもなかっただろう、と。

わたしは、次のように理解している。「第1段階の自信」に関しては、信仰の対象は何でも構わず、とにかく何かを信じることが重要なのだ。有史以来、いかなる人間社会においても宗教が存在することは、けっして偶然ではない。そして宗教はたいてい「第1段階の自信」の道徳的な側面について、本質的な教えを示している。「尊敬すべき行動規範に従って生きる、善良な人間になりなさい」と。

◉第2段階の自信　成功する思考傾向

何かに挑戦するとき〝練習・学習次第でいくらでも上達できる〟という信念を「第2段階の自信」と呼ぶ。この自信があるおかげで、リスクがあることにチャレンジしよう、試行錯誤してみようという積極性が出てくる。この姿勢はスキルを磨き、成長するための基本である。

自信というテーマは、第一線の実験心理学者たちの関心を集めており、それに関する専門用語が急増している。「第2段階の自信」のことは、スタンフォード大学のアルバート・バンデューラは「自己効力感」と呼ぶ。ノートルダム大学のティモシー・ジャッジは「中核的自己評価」という呼び名をつけた。

キャロル・ドゥエック教授は、『「やればできる！」の研究』（邦訳・草思社）で「こちこちマインドセット」と「しなやかマインドセット」という言葉を生み出した。彼女が言うには、それは自分の能力に対する対照的な思考傾向《マインドセット》を表現している。

彼女によると、「こちこちマインドセット」の人は、知性や才能は、先天的で変えることができないと考える。彼らは生まれ持った能力だけで惰性的に生き、その能力を発揮できる活動だけに取り組む。つまり、失敗するかもしれない腕試しは最初からしないタイプである。

それに対し「しなやかマインドセット」の人は、先天的な知性や才能も努力次第で伸ばせると信じている。〝努力は報われる〟と信じていれば、批判も自ら積極的に求めることができる。自分の限界を押し上げ、成長する方法を見つけるためだ。

こういう人たちのことを、アルフレッド・ビネー（1905年にIQテストを考案した人物）は、本章の扉の言葉で表現したのだ——「スタートで一番賢かった人が、ゴールでも一番賢いとは限らない」と。

「第2段階の自信」に関するいくつかの理論には、共通する4つの性質がある。以下にその4つを概説するので、あなたも以下の基準に沿って自己評価してみると良いだろう。

また、あなたは、自分自身の「第2段階の自信」が成長・発展する可能性があると思うだろうか? それとも、ないと思うだろうか? その考え方を改善する余地がないかどうかも、合わせて確認してみよう。

1 「第2段階の自信」がある人は、学習意欲が高い

「第2段階の自信」が高い人は、自分の専門分野に対しての高い学習意欲があることが、研究で証明されている。

IQテストを利用したある調査では、「この点数を取れた君は賢いんだよ」と言われたこどもは、その後それほどの学習意欲を見せることはなかった。しかし「難しい問題をよくがんばって解いたね」と褒められたこどもは、学習機会を積極的に利用して、さらに点数を上げようとした。

「成功できるかどうかは生まれながらの能力によるもので、それを変えることは不可能だ」と考える人は、ある程度の能力を発揮し称賛されると、それ以上学んで成長しようとはしなくなる。いつまで経っても同じレベルの成績を出すばかりで、自分の才能を一段引き上げようという情熱はあまり見られない。

あなたは日頃から、新しい分野の知識を学ぶチャンスを活用しているだろうか？　そしてすでに知っている分野についてもさらに知識を深めているだろうか？　この特徴がある人は、「第2段階の自信」を持っているということであり、どんどん賢くなっていける。

2 「第2段階の自信」がある人は、積極的に挑戦する

人は誰でも、自分の才能を試すときは緊張する。しかし「第2段階の自信」がある人にとって、その緊張は妨げにはならない。彼らは自分の能力を測りたいと思っているからだ。逆に「第2段階の自信」が不足している人は、「才能がある人」という自己像を壊さないように、その機会を回避しようとする。

先ほども紹介したある実験での例がある。「この点数を取れた君は賢いんだよ」と褒められたこどもは、その後テストの問題が難しくなるにつれ、興味も楽しさも感じなくなっていった。そして点数を偽るチャンスがあると、実に40%が、自尊心を守るために嘘をついた。

一方、がんばったという努力を褒められたこどもには、そのような問題は起きなかった。彼らは簡単な問題以上に、難しい問題を解くことを楽しんだ。また、点数を偽るチャンスを与えられても、ありのままの点数を正直に答えた。

言うまでもないことだが、挑戦を敬遠する傾向は、人生の「総合的幸せ」に、深刻で長期的な影響を及ぼす可能性がある。

3 「第2段階の自信」がある人は、結果よりも努力を重視する

この章の最初に紹介したセルフ・ハンディキャッピングの生徒、リンダの話が示しているように「第2段階の自信」が不足している人は、幼少時に先天的な能力を過剰に褒められた犠牲者である場合がある。

前述のように、先天的な才能よりも努力を褒める方が効果的であることは、いくつもの実験により検証されている。したがって、人は正しく褒められれば、努力した自分を自分で褒められるようになる。同時に、先天的な能力面に対する他者の評価は、気に留めないようにもなる。中途半端な努力で得た結果は、良い結果であれ悪い結果であれ、無視するべきだ。そして本当に努力した場合は、たとえ望んだ結果が得られなかったとしても、その結果に胸を張るべきなのだ。

あなたが「第2段階の自信」を持っているかどうかを診断する、簡単な方法がある。一生懸命努力したのに、望んだ結果に届かなかったとき、あなたはどう感じるだろうか? あなたは裏切られた気分にならないだろうか? 〝一生懸命やったのに、望みの結果が出ないなんて理不尽だ〟と。

もしそう思うなら、それはあなたが努力よりも結果を重視している証拠だ。「第2段階の自信」を育んでいる人はそのようには考えない。次回はもっと努力できるかどうかに目を向け、もっ

と結果の出せる努力の仕方を学ぼうとする。

専門技術の習得に関する研究の第一人者、大学教授のK・アンダース・エリクソンは、「第2段階の自信」に対する努力の役割を、簡潔によくまとめている。彼は著書『The Road to Excellence:the Acquisition of Expert Performance in the Arts and Sciences, Sports and Games（熟達への道　～芸術・科学・スポーツ・ゲームにおける達人的能力の獲得）』でこう示唆している――何ごとにおいても、うまくなるには「計画的な練習」を忍耐強く、長期的に続けなくてはいけない。つまり、極めようとしている技術の中から、適度な難易度のテーマを見つけて練習し、確かな評価を受け、「反復と誤りの訂正」の機会を求めるということだ。

エリクソンが研究から導き出した最も有名な結論は、〝世界レベルの技術を身につけるには、1万時間の「計画的な練習」が必要だ〟というものである。これはマルコム・グラッドウェルの著書『天才！　成功する人々の法則』で広まった。

しかし、わたしがエリクソンの著書から引き出した教訓は、1万時間といった気の遠くなるようなことではない。〝結果〟と同じくらい〝努力〟も重視し練習に励めば、どんな分野でも必ず上達できる、ということである。

4 「第2段階の自信」がある人は、失敗を正しく解釈する

この章の最初に話したプロゴルファー、ローリー・マキロイには、「しなやかマインドセット」

の典型的特徴が見られる。彼は、ゴルフ史上最大級の失敗をやらかしたが、その経験を無駄にせず、数カ月後の全米オープンで優勝するには何を変えるべきかを学んだ。

「マスターズは貴重な経験になりました」と彼は言った。「優勝するためには今日、試合で何をしないといけないのか、ぼくは分かっていたんです」

ドゥエック教授は、「第2段階の自信」を持っている生徒は、たとえ解くのに失敗しても、より難しい問題を解くのを楽しむことに気がついた。彼らは失敗を生かして、次回もっと良い結果を出すにはどうするべきかを考え出した。

学習や挑戦、努力の質的・量的改善に焦点を当てる人の方が、失敗から早く、かつ前向きに立ち直ることができる。そういう人は失敗してもそれを決定的なダメージとは考えず、学びのチャンスと捉える傾向がある。

逆に、挑戦の結果が先天的な才能を示すと見なす人は、失敗すると、自尊心を否定されたように感じる。だから、すぐ落ち込み、確実に勝てるところまで撤退してしまう。

失敗を正しく解釈しよう。それが健全な「第2段階の自信」を育てる、最後の具体策だ。

1回の失敗を一般化したり、拡大解釈したりしてはいけない。「わたしはだめな人間だ。いつも取り返しのつかないことをしてしまう」などと考えないことだ。

そうではなく、起きた事象をありのままに観察するべきだ。その特定の状況下で、失敗した原因は何なのかを。そして、その取り組みを振り返って、何か1つ具体的な教訓を見つけよう。そうすれば必ず、次は前よりもうまくやれるようになる。

◉――自信を定期的に補給しよう

自信は、モチベーションと似ているところがある。自信にも満ち引きがあるのだ。あなたの自信は、挫折や不安感によって脅かされる危険を、常にはらんでいる。

例えば、芸術家や作家は、どんなに経験を積んでいようと、新作に着手するときは自信が一気に下がり、ほぼゼロになる。この失敗への恐怖心はやる気をくじくこともある。ほとんどの人は定期的に自分で自分の自信を取り戻さなくてはならない。「第1段階の自信」と「第2段階の自信」の両方を。

自信を回復させる儀式の例を、以下に挙げてみよう。あなたの日頃の習慣を見直し、新しいアイデアを取り入れるのに役立ててほしい。最初に、「第1段階の自信」を回復する方法を、続いて「第2段階の自信」を増強するテクニックを見ていこう。

「第1段階の自信」を補給する3つの方法

自信はあなたの態度全体からあふれ出す。その特徴的な精神状態は希望に満ちていることだ。

「本当の自分」を信じ続けるためのアイデアを以下に挙げよう。

人生を大きな視点で見つめ直す

小説家マヤ・アンジェロウは、新たに執筆に取り掛かるたびに感じるストレスについて、こう書いている。

「いざ書こうと思うと、不安感にとらわれる。前の作品が絶賛されたにもかかわらず。今度こそわたしが、何というか〝えせ作家〟だってことが世間にばれるんじゃないかと思ってしまう」

彼女はこの不安を乗り越えるために、恩師から教わった「幸せリストを書く」という儀式を行っている。新品の黄色いメモ帳を取り出し、「まっさらな用紙に向かい合い、自分がどんなに恵まれているかを考える」そうだ。

神に感謝しながら、その気持ちをページいっぱいに書いていく。目が見えること、本を読めること、愛する人たちと一緒にいられることの幸せを。するとすぐに、彼女の言葉を借りると、「狂気の工作員は尻尾を巻いて逃げていく」。こうして彼女は、自信を取り戻して、再び書くことができるようになるのだ。

わたしの母は、第二次世界大戦を経験した世代だ。海兵隊員の夫が無事に戻ってくるか分からず、不安な日々を過ごしていた。

彼女はアン・モロウ・リンドバーグの『海からの贈物』（邦訳・新潮社）という感動的な本をベッドの脇に置き、人生の浮き沈みを日々自覚し、そこから先の日々に立ち向かう自信を補給した。アン・モロウは飛行家チャールズ・リンドバーグの妻だ。こどもを誘拐された末に殺害された経験を持つ。人並み以上の悲しみを背負っていた女性だった。

『海からの贈物』は、そんな彼女が、人々が未来への信念を補給する助けとなることを願って書いたものだ。そこにはこう書かれている。「問題は、どうすれば自分自身であることを失わずにいられるか、車の輪にどれだけの圧力が掛かって軸が割れそうになっても、どうすればそれに負けずにいられるか、ということなのである」

希望を取り戻させてくれる本ならば何でも、自信の補給源になる。前進し続けるためには、そういうものの力を借りて、ときどき自信を補給することが必要だ。

自信を補給するイベントに参加する

多くの人が定期的に礼拝に出席する目的の1つは「第1段階の自信」の供給源と接続するためだ。何を信じるかということを問題にするよりも、自分に合った方法で何かを信じることが重要だとわたしは考えている。

実際、わたしはあまりよく知らない宗派の礼拝に参加することがあるが、個人的にはそれが良い刺激になっていると感じる。

例えば、わたしはカリスマ牧師、ジョエル・オースティンとその妻ビクトリアの驚くべき礼拝に参加したことがある。礼拝はプロバスケットボールチームがホームスタジアムとする屋内競技場で開かれた。礼拝の参加者は3万5千人以上。その全員が、聖書を頭上に掲げ、オースティン牧師の先導で声を合わせて祈りの言葉を詠唱した。

オースティン牧師の特徴は、ポジティブ思考、マインド・パワー、祈りの力で幸運を呼び込もうとすることにある。礼拝の最初に、3万5千人が起立してこう詠唱する。

わたしの聖書はここにあります。わたしは聖書に記されている通りの人間です。わたしは聖書に記されている通りのものを持っています。わたしは聖書に記されている通りのことをすることができます。

今日、わたしは神の御言葉を聞きます。わたしは正々堂々と告白します。わたしの精神は研ぎ澄まされ何ごとも聞き逃さず、わたしの心は何ごとも素直に受け入れます。わたしはけっして今のままにとどまりません。

わたしは今まさに、朽ちることも破壊されることも死することもない、神の御言葉の種を授かろうとしています。わたしはけっして今のままにとどまりません。けっして、けっして、けっして。けっして今のままにとどまりません。イエス様の御名によってお祈りいたします。

このような「繁栄の神学」の牧師を冷笑するのは簡単だ。実際、贅沢三昧の生活を送っている牧師もいて、それはつまり、彼らが神の言葉よりも、銀行口座を熱心に信仰していることを示唆している。

それでもわたしは、どんな種類の礼拝であれ、それに参加する人は尊敬に値すると思う。なぜなら、自ら信仰を新たにし「第1段階の自信」を得ようと努めているからだ。この姿勢は、精神生活において重要である。

人間関係を取り戻す

ベンジャミン・フランクリンは著書『自伝』において、彼が幼少期に培った、人間関係を良好に保つ習慣について語っている。

その習慣が役立つのは、誰かを不当に扱ってしまったり、不快にさせたり、あるいは自分が何か曲がったことをしたのではないかと思うときだ。印刷業を営んでいた彼は、そのような事態を「誤植」と呼んでいた。

「成功の授業」では、生徒たちにフランクリンの習慣を真似てもらう。つまり人生を振り返って、次の2つの質問のいずれかに答えてもらう。

質問１　不当に扱ってしまったことを、謝るべき相手はいないだろうか？
質問２　寛大でいてくれたことに、感謝の気持ちを表すべき相手はいないだろうか？

次の課題は、その相手を探し出して関係を修復することだ。

生徒たちによると、この演習は「成功の授業」で特に価値のある経験だそうだ。これをやったら「長い間不和になっていた兄弟の絆が深まった」「恩師と再会し心温まる時間を過ごした」「長年心に引っかかっていた悩みに正面から向き合うことができた」という声が聞かれる。

あなたもこの方法を自分で試してほしい。２つの質問のうち１つを選んで、再び関係を修復すべき相手を探してみよう。

「第２段階の自信」を補給する５つの方法

「わたしならできる」という自信を維持するための、一般的な方法を以下に挙げよう。「第２段階の自信」の補給と、前の章で話したモチベーションの向上には、相通じるものがある。

イメージトレーニングをする

神経科学者によれば、イメージを思い浮かべると、実際にその動作をするのとまったく同じ脳の領域が活性化されるという。ゴルファーやテニス選手が、実際に筋肉を動かさなくても目を閉じるだけで素振りの練習ができるのはそのためだ。

さらに、未来の出来事をイメージすることは、リハーサルと同じ効果がある。つまりあなたが感じるかもしれない緊張を和らげ、想定される問題とその対処方法を前もって考えることができる。両方とも、自信をつけるのに役立つものだ。

2008年のオリンピックで8つの金メダルを獲得した水泳選手マイケル・フェルプスは、素晴らしい新記録を出した後こうコメントしている。

「予選前は、リラクゼーショントレーニングやイメージトレーニングをたくさんやりました。それが、実際の試合運びの感触をつかむのに役立ったと思います。試合に万全の状態で臨むために、フィジカルな意味でも、メンタルな意味でも、やれることはすべてやったという確信がありました」

新しい課題に挑戦するときは、目を閉じて、その活動に含まれるあらゆる動作を頭の中で追ってみよう。そして、うまく成功させた自分を見て緊張がほぐれるか、確認してみよう。

本番前の儀式を取り入れる

トビアス・マイヤーという、オークション会社サザビーズの競売人がいる。1895年に制作されたエドヴァルド・ムンクの名画「叫び」が1億1990万ドル（約120億円）で競り落とされたとき、ハンマーを叩いたのは彼である。単一の作品の落札額としては、当時のオークション史上最高の金額だった。

「あの瞬間のわたしの仕事は、作品の値段をできるだけつり上げることでした」と彼はオークション終了直後に記者に答えた。

彼の仕事は、短時間に全神経を集中させなくてはいけない。その瞬間にピークを合わせるため、彼は担当のオークション前にはいつも、自信を高めるための一連の験担ぎをしている。

オークション当日の流れはこうだ。まず、朝7時に起床。朝食はハチミツをかけたフルーツ入りヨーグルトと決まっている。9時15分、競売前のミーティングに出席。その後ジムで30分ほどランニング。続いて、チキン・スープの昼食を済ませると、1時間の仮眠を取る。

オークションではいつも、14歳のときに母親からもらった、金と瑠璃でできたカフスボタンをつける。ハンマーは2004年からずっと同じものを使っている。彼がもう1つの美術界の最高落札額をたたき出した、ピカソの「パイプを持つ少年」を1億420万ドル(約104億円)で売り上げたときのものだ。オークションの30分前に、エスプレッソが4ショット入ったラテを飲む。その後、貨物用エレベーターで競売場へ降り立つ。

あなたには、自信を持って新しい課題に挑戦するための儀式があるだろうか? ぜひ1つ作ってみるといい。

小さな課題で小さな達成を積み重ねる

オリンピック強化訓練に関する記事のうち、わたしが最も優れていると思ったものについて話そう。

それはダニエル・チャンブリスが米国水泳連盟を追跡調査したものだ。目的は、選手たちを万全の状態で試合に臨ませる手法を探ること。その訓練では一貫して、メダルを取るという大きな目標よりも「小さな成功」を積み重ねることをテーマとしていた。

チャンブリスはこう要約している。選手たちは「小さな課題を探した。今週はスタートを改善し、次週は泳ぎの技術を磨く、というように、自分の泳ぎを調整する計画を立てていた」と。その結果選手たちは「非常に明確な小さな達成」に満足を感じ、それを自信に変えて、毎日新たな小さな達成に挑戦することになったという。

だから、本を1冊書こうと思わず、まず1ページ書いてみよう。山を登ろうと思わず、頂上へ通じる道を1歩進もう。ホームランを打とうと思わず、まずはボールにバットを当てよう。

他にも、小さな成功を積み重ねて、着実に大きな目標に近づく方法はないだろうか？　それができればあなたは「第2段階の自信」を手に入れることができるだろう。

成功の合い言葉を唱える

祈りの言葉を使う人もいれば、聖書の言葉を使う人もいる。成功のモットーや詩を使う人もいる。

テレビドラマ『フライデー・ナイト・ライツ(Friday Night Lights)』では、テキサス州の架空の高校のフットボールチームが、試合前に必ず成功の合い言葉を唱える。

「鋭い目! 全身全霊! 負けるはずがない!」

このドラマの人気を受けて、これを自分の座右の銘にした人も多い。この言葉は現実世界の人々の人生の一部となり、最大の努力を引き出している。

ラッキーアイテムを持つ

あなたは何か重大なことに臨むとき、幸運を呼ぶラビット・フットや、お気に入りのペンダント、あるいは何か他の縁起の良いアイテムを携帯しているだろうか? 自信をアップさせるのにこれ以上簡単な方法はない。

メジャーリーグ・フィラデルフィア・フィリーズのエース投手コール・ハメルズはEFXパフォーマンスという会社の開発したネックバンドとリストバンドをつけてマウンドにあがる。2012年8月、初の5連続先発出場を果たしたのは、これらのアイテムを身につけるようになった後のことだった。彼はこのアイテムのおかげで集中力が高まっていると信じている。「それをつけていると体全体が調和している感じがする」そうだ。

多くのプロスポーツ選手が同じようなアイテムを身につけている。

ラッキーアイテムで現実が変わるわけではない。しかし、そのおかげでリラックスして落ち着いた気分になることがある。そして十中八九、緊張しているときよりもリラックスしているときの方が良い成果を上げられる。

自信をつけることに関しては、わたしの哲学はシンプルだ。効果があれば何でもあり。それでいい。

最後に

ニュースに目を通すと、世界は厳しく、混沌とした場所だということが分かる。わたしたちの力ではどうにもならないことが山ほどある。中には良いこともあるが、大部分は悪いことだ。この不確かさとリスクの中で前進するには、正しい種類の自信が必要だ。

正しい種類の自信とは、ある程度失敗する可能性がある活動をすることで築かれる。失敗することを学ぶのは1つの技術だ。もしあなたが自分の素質では到底及ばないようなことを達成しようと躍起になれば、失敗してばかりで、達成することはほとんどない。そのようなお粗末な判断をしていては、周りから尊敬されなくなる。

一方、もしあなたが失敗への恐怖心から、何一つ新しいことに挑戦しようとせず、すべての勝負で失敗を避けていたら、あなたの成長は止まる。あなたの人生は、延々と繰り返す退屈な経験ばかりになり、人生の喜びは失われてしまう。

失敗の技術を習得するには、2段階の自信が必要だ。

「第1段階の自信」はあなたに人生を自分でコントロールしている感覚を与える。ある人はそれを「通過儀礼」から築き上げる。またある人は、幼少時に受け取った「あなたならできる」というメッセージの正しさを実証することにより獲得する。そして、ときにはそれは自分を超えた力を信仰することで生まれる。

「第2段階の自信」があると、スキルを学び、成長していくことができる。失敗する可能性がなければ進歩はない。そして、失敗するかもしれないことに挑戦する人は、生まれつき高い能力を持ちながらも自分を試そうとしない人よりも、優れた成果を上げることができる。

最後に、自信は、モチベーション同様、補給可能なエネルギーだ。「落ち込み」を感じることは、成功のサイクルの一部だから、落ち込んだときに自信を補給するテクニックを磨いておく必要がある。

第6章のジグ・ジグラーのモットーを思い出してほしい。

「失敗から学ぶ限り、あなたは、けっして、完全に負けたわけじゃない!」

第7章のポイント

自信を育てよう

成功に必要なのは、臆病と傲慢の中間の精神状態、つまり自信だ。自分を信用していない人を、誰が信用するだろうか？

「第1段階の自信」は、自分は有能で高潔な人間だという、あなた自身の基本的な信念だ。それは信頼する人から「あなたならできる」という言葉をもらうことや、「これができれば何だってできる」と思うような通過儀礼を乗り越えることで生まれる。

「第2段階の自信」は、何かに挑戦するときの姿勢を決める。
成功する「マインドセット」の持ち主は、進んで学び、腕試しをし、結果よりも努力に目を向ける。「失敗したら終わりだ」とは考えず、失敗も旅の1つの出来事と考える。

第8章

集中——情熱・想像力・直感・理性を集中させる

成功に欠かせない最大の秘訣は、すべての労力と思考と資産を、
今取り組んでいるビジネス1点に集中させることだ。
すべての卵を1つのかごに入れ、そのかごから目を離してはいけない。

——アンドリュー・カーネギー

美しく澄み切った秋の夜、1人の若きパイロットが、セントルイスからシカゴへ航空便を配達していた。天候が良いということは、退屈なフライトを意味する。彼に言わせればその日は〝初心者向き〟の夜だった。

彼の心はとりとめもなく移ろった。今後のキャリアの展望、航空業界の抱える問題点、最近読んだ実験的な飛行機の話……そのときふと思いついた。自分ならきっと、その新しい実験機さえ手に入れられれば、スピード、航続時間、飛行範囲のすべてで新記録を出せる。実験機のパイロットとして名を上げれば、航空業界の第一線で活躍する道が開けるかもしれない。

そのビジョンに彼の想像は膨らんだ。のちに振り返っているように、その次の思いつきは彼の人生の転機となった。長時間滞空することさえできれば、「たぶん——わたしはその発想に思わずはっとした——ニューヨークからパリまで無着陸で飛べるはずだ」。

どんな偉業もすべては思いつきから始まる。今回のこの思いつきは、20世紀最大の偉業の幕開けとなった。この若きパイロットの名はチャールズ・リンドバーグという。彼の偉業は自伝『翼よ、あれがパリの灯だ』（邦訳・恒文社）で読むことができる。

1926年9月、当時24歳。リンドバーグは航空便を配達する腕の良いパイロットだった。しかしお金もなければ、裕福な友人もなく、実験機を入手する術がない。さらに、自分のアイデアの危険性も十分承知していた。

ほんの数日前、同じく大西洋の無着陸横断飛行という偉業に挑戦したチームがいた。最初の達成者に与えられる、オルティーグ賞の賞金2万5000ドル（250万円）を狙っていたわけだが、彼らの飛行機はニューヨークの滑走路で爆発した。着陸脚が予備燃料の荷重に耐えられずに崩壊し、乗員4名のうち2名が即死していた。

リンドバーグは、自分自身のアイデアの実現可能性を頭の中で検証した。彼は、「冬の夜間郵便飛行にくらべたら、それよりも危険だということはないはずだ」と考えた。シカゴに着いた頃には、彼の興奮は、一点の迷いもない、決定的な目標へと昇華していた。

彼はさっそく具体的な構想を練り始めた。「(アイデアを）現実の大西洋横断飛行に落とし込むにはどうしたらいいだろうか？……計画を立てるのだ。あとは、その1つ1つがどんなに小さく見えようとも、あるいは大きく見えようとも、計画に従って一歩一歩進んでいくことだ」

そのわずか8カ月後、1927年5月20日には、彼はヨーロッパへ向けて飛び立った。1万ドル（現在の価値に換算すると12万7500ドル・約1300万円程度）の、彼自身が設計に加わった、世界にたった1つのユニークな飛行機に乗って、歴史という名の空を駆けたのだ。

◉───リンドバーグの目標達成プロセス

彼はなぜこれほどの偉業を達成できたのだろうか？　それは、彼が精神的な能力のすべてを

1点に集中させる手腕に長けていたからだ。

彼は明瞭な目標を掲げて、それを達成するために必要な4つの精神力、情熱・想像力・直感・理性をすべて活用した。本章では、そうしたリンドバーグの目標達成プロセスを順に追って学んでいく。

1 情熱に耳を傾け、挑戦する価値のある目標を立てる
2 想像力と直感を生かしてアイデアを生み出す
3 SMARTな計画を立てる
4 計画を小さなステップにわける
5 即興的に、臨機応変に対処する――そして目標達成へ

リンドバーグの〝目標達成術〟からは、重要なプロジェクトを進める際に役立つ道筋を学ぶことができる。

その道は目標《ゴール》からスタートする。重要なのは、リンドバーグのように目標を1つに絞ることだ。目標達成のエンジンをかけるのに目標設定が有効であることは多くの人が知っているが、一度に多くの目標を立てることのマイナス面を理解している人は、それよりはるかに少ない。

「成功の授業」で、ある生徒が提出した最終論文の添付資料には、人生で達成したい目標が

100個以上列挙されていた。25歳までに達成したいことに続き、以下同様に30歳、35歳、40歳、50歳まで。「起業する」「50カ国以上を旅行する」「億万長者になる」「テキサスの大農場を買う」「自分の本を出す」。そして50歳になるまでに「誰かの命を救う」。1年ごとに目標を見直すという目標まであった。

我が生徒ながら、その計画能力にはつくづく感心させられたが、わたしは、何でもかんでも目標にしてしまう彼のやり方の、長期的な影響が気になった。目標設定について研究している、ある学者グループが次のような見解を示しているからだ。

「達成されていない目標は(意識のどこかで)仕掛かり状態のまま残っている。それは完了状態に進むために、思考や集中に割り込み、再び自分に(注意を)惹き付けようとする。満たされていない目標に執拗に注意を逸らされることにより、他のタスクが被害を受けかねない」

このように〝気がかりなこと〟が心に入り乱れている状態は、ロシアの心理学者ツァイガルニクにちなみ「ツァイガルニク効果」という名で知られている。ツァイガルニクは、未達成の目標や未完の課題が人間の意識に及ぼす影響を研究した。

『ストレスフリーの整理術』(邦訳・二見書房)の著者で効率性研究の権威デビッド・アレンは、未解決の問題によって生じる精神的な混乱状態についての研究をライフワークとしている。

彼が提案する生産的整理術のコンセプトは、〝人生を上向かせたければ、未解決の目標をきちんと仕分けて、心をすっきりさせよう〟ということだ。仕分け先は4つ。今すぐやるもの、誰かに任せるもの、あとでやるもの、諦めるもの、だ。

それで目指すゴールは1つ、「水のように澄んだ心」と呼ぶ状態を実現すること。それは、未解決の目標について、次にやることが明確に見えている状態で、なにひとつ気がかりがなく、一度にひとつの目標だけに集中することで訪れる、心の平穏状態だ。

リンドバーグは、精神的な力の面でも、一点集中力の面でも優れていた。彼の達成プロセスを理解するには、まず、4つの精神力について理解を深める必要がある。それが終わったら、再びリンドバーグの素晴らしい冒険の続きを追ってみよう。

目標を達成するための4つの精神力

ここからはものごとを成し遂げるときに誰もが使うことができる「4つの精神力」について話していこう。

4つの精神力、情熱・想像力・直感・理性は、同じ目標を目指すチームの仲間だ。4人とも、才能あふれるスペシャリストで、それぞれが、独自の貴重な力を提供してくれる。

例えば、あなたがなんらかの刺激を受けたときは、「情熱」が最も優位なメンバーになる。

一方、「理性」は、分析的・論理的な計画能力を発揮する。それがなければ情熱が指示した目標を具体的な形に組み立て、遂行することはできない。

また、「想像力」と「直感」は、新しいアイデアを創造したり、様々な情報を統合したりする才能を提供する。そのおかげで、あなたは未来を思い描き、新しい解決策を考え出し、不測の事態にもほぼ反射的に対応することができる。

「直感」とは何か、深く掘り下げてみよう

4つの力のうち「情熱」については、モチベーションの供給源として、第6章で考察した。「理性」と「想像力」も、あなたにとってなじみ深い仲間だろう。そこでここでは「直感」について掘り下げてみたい。

直感とは一体何だろう。マルコム・グラッドウェルは著書『第1感』(邦訳・光文社)で「思考ぬきで判断する力」と説明している。例えば、次のようなときは直感が働いている。

- 話の語り手が、聞き手が飽き始めていることを感じ取る
- 消防士が、燃えさかるビルが倒壊する直前に脱出する
- こどもが嘘をついていることを親が読み取る
- 部下が新しい上司を見た瞬間に、そりが合わなそうだと悟る。

直感があるからこそ、人はその場の状況や相手に対して、瞬時に判断を下し、直感的な反応をすることができる。直感と想像力は、寝ているときに見る夢や、白昼夢、空想といった世界で融合している。

ノーベル賞を受賞した社会科学者、ハーバート・サイモンによると、直感が誘発されるのは、潜在意識が、「そのとき起きた出来事」と「長期記憶に蓄積された情報」との関連性を見つけようとする事象が起きたときだという。

つまり、何かを「直感した」というのは、パターン認識の瞬間だ。だから、直面している状況における経験が豊富であるほど、直感はより鋭く正確になる。

直感の仕事のほとんどは、わたしたちの意識が及ばないところで行われているため、直感がどうやってひらめきを作り上げているのか、わたしたちは感知できない。だから、自分の直感を全面的に信頼するのではなく、その直感が正しいかどうか判断する力を磨かなくてはならない。そのための2つの重要な着眼点をお伝えしよう。

1　選択肢や情報が多すぎるときは要注意

直感があてになるのは、その土台となる情報が信頼できる場合だけだ。このことを、あなたは常に肝に銘じておかなくてはならない。

脳の直感的な情報処理の誤作動を「バイアス」と呼ぶ。研究者によれば、そのような誤作動は40種類以上ある。この分野の研究・実験は盛んに行われており、毎年新種の誤作動が見つかっている。例えば、次のようなバイアスがよく知られている。

・最初や最後の情報に特に強く影響される
・印象的な情報や、思い出しやすい情報に強く影響される
・自分の信念を裏付ける事実だけに注目する
・同じ情報でも表現の仕方によって、抱く直感が異なる

こうしたバイアス以外にも認識しておくべきことがある。リスクが高いとき、あるいは選択肢が多すぎるとき、人はたやすく〝分析中毒〟に陥ってしまうということだ。

スワースモア大学の心理学者バリー・シュワルツは、著書『なぜ選ぶたびに後悔するのか』（邦訳・武田ランダムハウスジャパン）の中で、こう論証している――わたしたちは日々、選択しなければならないことがあまりに多く、それについての情報もあまりに多い。結果的に、情報を処理するのに精一杯で、疲労困憊している。

「理想の大学」を見つけるために、３カ国（アメリカ、カナダ、イギリス）の55校もの大学を見学したアメリカの高校生ダン・シーがその良い例だ。彼は、長期間かけて大学を回り終えると、

24校に願書を提出し、うち9校に合格した。

入学試験の一環として彼が書いたユニークなエッセイは20本。出願料の合計は2000ドル（20万円）以上。大学回りの際に彼が泊まったモーテルやゲストハウスの数はあまりにも多すぎて、両親は把握するのを諦めた。

最終的に、彼は55番目に見学した大学に入学した。ミネソタ州セントポールにある、マカレスター大学という都市部の小さな大学だ。

シーにとってそこがベストな大学だったのだろうか？　彼は『ニューヨーク・タイムズ』紙の記者に、自分の選択に満足していると語った。しかし、彼が満足できる、都市部の小さな大学は、アメリカでその1つだけだったのだろうか？　そんなはずはない。

実は彼は、前述のバイアスの1つに引っかかってしまったのだ。「新近性効果」と呼ばれるバイアスだ。何週間、何ヵ月にもわたって長期的に情報をインプットした場合、人は直近に接触した情報ほどはっきりと思い出す。そのためそれを過度に重視して意思決定をしてしまうのだ。

現代は、いくらでも簡単に情報を入手できる時代だ。そのため「最高のもの」を選択しようとするあまり「まずまずなもの」でよしとすることが難しくなっている。シュワルツはこう述べている。「〝追求人間〟になる代わりに、〝満足人間〟になるという方法がある。〝満足人間〟とは、まずまずなものでよしと〝満足〟し、もっと他に良いものがあるかもしれない、などと

〝追求〟しない人のことだ」

情報は、少なすぎても多すぎてもだめなのだ。インテルの伝説的元CEOアンディ・グローブは、複雑なインプットに基づいて決定しなくてはいけないときは、「十分にデータを掘り下げたら、後は自分の直感を信じなさい」とアドバイスしている。

2 存在しない法則に左右される

直感に関して、特によく見られる問題は、直感の本質的な機能から生じる。

直感は、たくさんのデータからなんとか意味を見いだそうと高速で回転している。つまり一定のパターン（法則）を探すのが直感の本質的な機能だ。問題は直感が、実際には存在しない法則を導き出してしまう場合があることだ。

株取引に詳しいジェイソン・ツバイクは、『ウォール・ストリート・ジャーナル』紙の「賢明なる投資家」という連載コラムで、株式投資での例を紹介している。

平凡な個人投資家は、直感に頼るせいで、誤ったタイミングで株を売買する。「最近株価が上がっているぞ」と思ったら買い、「下がってきたな」と思ったら売る。これは、損をする取引の典型だ。賢い投資家は逆に動く。上がっているときに売り、下がっているときに買うのだ。

直感によるこうした問題を克服するため、ツバイクは100％理性に基づいた投資戦略を取るようアドバイスしている。売買のタイミングを示す客観的な基準を洗い出し、そのリストに基づいて判断するのだ。

要するに、直感は4つの精神力の〝チームの一員〟にすぎない。だから、成功したければ、直感に耳を傾けるべきときと、直感と理性を天秤にかけるべきときを見分けられるように自分自身の思考パターンを理解しておく必要がある。

自分の価値観や信念と一致する目標に向かい、情熱・想像力・直感・理性が足並みを揃えて前進しているときは、精神に統一感を覚えるものだ。その統一感があったからこそ、チャールズ・リンドバーグは大西洋単独横断飛行を達成できたのだ。

目標達成の5つのステップ

次に、目標達成のプロセスに話を進めよう。先を読めば分かるように、プロセスの段階によっては、4つの精神力のうち、どれか1つを他より特に重視しなくてはいけない場合がある。

達成のステップ❶　情熱に耳を傾け、挑戦する価値のある目標を立てる

通常、達成の第1ステップでは、解決に値する問題を特定しなくてはならない。

そのプロセスは、人生に何らかの不満を感じたときに始まることが多い。あなたは人生に何を求めているのだろう？　何があれば、もっと楽しい人生、目的のある人生、おもしろい人生、

手応えのある人生を送れるのだろうか？

１９２６年9月の、澄み切ったあの夜、シカゴへ航空便を配達しながら、リンドバーグは課題を探していた。「航空関連で、何か新しい、すごいことをやれないだろうか？」という問題を巡って、心の奥で議論に花を咲かせていたのだ。彼は飛行への情熱を自覚していた。そして、民間の航空サービスが遅々として普及しないことに、業を煮やしていた。

取り組むべき問題を特定するのは、目標達成の重要な一歩だ。自動車の電気式スターターを世界で初めて発明した、チャールズ・ケタリングはかつてこう言った。

「問題を明確に定義できれば、問題は半分解決されたも同然だ」

問題の定義は、広すぎても狭すぎてもいけない。精神は、提起された問題と、その問題を解くために読み出したデータとの間で、すばやく往復を繰り返す。だから、問題を広げすぎれば、その分、精神の連想は散漫になり、使い物にならなくなる。

例えば「どうしたら幸せになれるだろう？」という問題は、哲学的な議題としてはおもしろいが、実際もっと幸せになるためには、具体的な問題を設定しなくてはならない。

かといって、問題を絞りすぎると、精神は直面している根本的な問題を解消するための、より良い選択肢を見落とす恐れがある。「今の仕事をやめるべきだろうか？」と考えてしまうと「キャリアアップするには次に何をするべきか？」という本来の観点が抜け落ちてしまうのだ。

何かを達成した人はたいてい、最初に友人や同僚の助けを借りている。漠然とした不満から、行動を起こせる具体的な問題を切り出すために。

達成のステップ❷　想像力と直感を生かしてアイデアを生み出す

リンドバーグの心は、転職をテーマに次々と連想をつないでいった。実験機のテストパイロットになるというアイデアから、オルティーグ賞のかかった競争で使用されている実験機の話へ、そして最後に、自分がその競争に参加すればキャリアの問題を解消できるというひらめきにたどり着いた。そのアイデアは、潜在意識が生み出すアイデアの多くがそうであるように、常軌を逸した斬新なものだった。

この例から分かるように、直感は、まったく異質なものの組み合わせから新しいアイデアを作り上げるのが得意だ。問題は、無意識なその力には合理性をチェックする機能がないことだ。とりあえず異質のものを組み合わせ、後は成り行きを静観するのみなのだ。言い換えれば、目標を組み立てるための〝原材料〟を提供するのが直感の役割だ。

プロダクト・デザイナーのヘンリー・ソーン（自航式運搬カートの発明者）はこう言っている。「達成しようとしていることを、十分明確に定義すれば、アイデアはおのずと見えてくるものだ」だからただ辛抱強く待っていればいいのだ、と。

アイデアを思いつく瞬間には、共通点がある。それは、〝とてもリラックスしている〟〝心の意図的な力が停止している〟といった状態にあるということだ。リンドバーグが大西洋の無着陸横断飛行に挑戦するというアイデアを突如思いついたのは、退屈な深夜のフライト中だった。これは偶然ではない。

他にも、以下のような状況では、一般的に、新しいアイデアが生まれやすい。

アイデアが生まれるとき

就寝中：古代の哲学者ヘラクレイトスはかつて「睡眠中の深く沈んだ精神でさえ、活発に働いている」と言った。

また、Ｇｏｏｇｌｅの協同創設者ラリー・ペイジは、ミシガン大学でスピーチをした際、23歳のとき潜在意識からヒントを得て、Ｇｏｏｇｌｅという検索エンジンのコンセプトを思いついたと語っている。スタンフォード大学の大学院生だった彼は、博士論文の題材を探していたある日、夜中に目が覚めた。頭には、夢の中で考えていたことが鮮明に残っていた。

「わたしはこんなことを考えていたんです。もしも、ウェブを丸ごとダウンロードして、リンク情報をそのまま保管しておけるとしたら？　とっさにペンをつかみましたよ……夜中じゅうペンを走らせて詳細を詰め、やっと確信しました。大丈夫、この案で行ける、と」

翌日、担当指導者テリー・ウィノグラードにそのアイデアを見せると、ぜひやってみなさいとのことだった。そしてついに、彼は学友のセルゲイ・ブリンと供に、彼が見た夢を現実にするウェブページの順位決定アルゴリズムを考え出した。

こうしてＧｏｏｇｌｅは誕生した。ペイジは、次のようなアドバイスで話を締めくくっている。「本当にすごい夢を見たら、しっかり捕まえることです」

他にも、いくつかの科学界の大躍進が夢から生まれたことは、よく知られている。例えば、ドミトリ・メンデレーエフは、元素周期表の発見に夢が貢献したことを認めている。また、アウグスト・ケクレが環状有機化合物ベンゼンを見つけたのは、蛇が自身の尻尾に噛みついて輪になっている夢を見たためと言われている。

睡眠中に潜在意識を働かせたいなら、抱えている問題をシンプルな言葉にまとめてから、布団に入るといい。それに意識を集中して、問題を実際に直感に受け渡すところを想像しながら眠りに落ちるのだ。枕元にメモを置いておこう。真夜中や翌朝目が覚めたときに、思いついたことをメモするために。

リラックスしているとき：直感的なひらめきが生まれるタイミングには、寝起きの瞬間以外にも、空想中や瞑想中、入浴中、散歩中、運転中などがある。
例えば、グラフィック・デザイナーのミルトン・グレイサー。彼はあるときニューヨーク市の広告キャンペーン用のグラフィックデザインを請け負った。１９７０年代当時、ニューヨークは犯罪急増に悩まされており、市は破産寸前だった。

彼の中では、キャッチコピーはもう決まっていた――「I《アイ》 Love《ラブ》 New《ニュー》 York《ヨーク》」

何週間か検討し、彼は、白地に優雅な字体が特徴のデザインを提案、大絶賛された。しかし彼は、プロジェクトはまだ終わっていないという気持ちをぬぐえずにいた。

最終案を提出して1週間経ったある日のこと、タクシーで渋滞につかまっていたそのとき、彼は直感的にひらめいた。別のことを考えていたら、突如ピンと来たのだ。彼の頭には、まったく新しいデザイン、でかでかとした赤いハートが輝いていた。

「I《アイ》 ♥《ラブ》 N《ニュー》 Y《ヨーク》」20世紀で最も記憶に残るキャンペーン広告は、タクシーの後部座席で生まれた。

ここまでの要点をまとめよう。潜在意識の力を引き出すには、まず適切な問題を切り出し、関連情報を頭に詰め込まなくてはいけない。そこまでやったら、後は直感の力を信じてアイデアが浮かんでくるのを待つ。メモの準備を忘れずに。良いアイデア(あるいは良い夢)というのは、書きとめておかないと、いとも簡単に忘れてしまうものだから。

達成のステップ❸　SMARTな計画を立てる

リンドバーグの達成プロセスの第3ステップでは、想像力と理性の両方が必要だった。大西洋無着陸飛行を達成するための様々な手段を思い浮かべ、その1つ1つを批判的な目線で分析していったのだ。

彼はベッドで横になりながら、他の挑戦者たちが失敗した原因を1つずつチェックした。一番の敗因は不必要な重量にある。一番最近、機体が崩壊したケースでは、13トンもの重量があった。3基のエンジン、翼は複葉、機内の皮の装飾、ベッド、無線受信機、パイロット2名、航路士1名、通信士1名……。

そこまで考えた彼の心をつかんだのは、高効率な新型単発機〝ライト・ベランカ〟だった。「もしベランカ機が手にはいったら、私は単独飛行で飛ぼう」と彼はその夜考えた。「そうすれば乗組員を選ぶ必要もない。携行品は、少しばかりの食料だけでよい。いざという場合のゴム・ボートと少量の予備の水だけ持って行こう」

単発機で、しかも単独で、ニューヨーク＝パリ間の飛行に挑戦したものは、それまで1人もいなかった。しかしリンドバーグはそのアイデアに心を躍らせた。翌朝目覚めたときにはエネルギーがどっとこみ上げてきた。そのときの気持ちを彼は後にこう書いている。「私の新しい生活の夜明けだ。私は大海原を越えてヨーロッパへ飛ぶのだ！」

単発機での単独飛行は、大量の乗務員を乗せた三発機での飛行よりも安全だ――そう彼は自分を納得させた。機体の大きな三発機でも、エンジンが一基でも故障したら、乗務員は落下傘で飛行機を降りないといけない。エンジンが多いから安心というわけではないのだ。単発機の単独飛行なら、リスクを劇的に減らすことができる。複雑な技術も、重量も、乗組員間の伝達ミスのリスクも。

目標を具体的な行動計画に落とし込むときは、多くのビジネスで使われている「ＳＭＡＲＴ」という基準に沿って考えるとよい。「ＳＭＡＲＴ」な計画とは、具体的（Specific）、測定可能（Measurable）、実行可能（Actionable）、意義や目的に則している（Relevant）、期限が明確（Timely）な計画という意味だ。

そして、自分自身に責任を課す方法を考えよう。典型的な方法は、目標を人に話し、公言することだ。研究によると、公約された目標ほど、達成される可能性が高くなる。

達成のステップ❹　計画を小さなステップにわける

大きな目標を持つとやる気がみなぎるが、同時に、気も遠くなるものだ。だからステップ4では、それをコントロールできる小さな単位にわけていく。

リンドバーグは、大西洋単独横断飛行を決めた数日後、1枚の紙にこうタイトルを書いた。「セントルイス＝ニューヨーク＝パリ飛行」。そして、このタイトルを現実にするために対処すべきことをリストアップした。資金提供者と飛行機を見つけるという項目をはじめ、地図や濃縮食料の入手、飛行場の選定から、飛行技術の向上まで、全部で35項目。その後数カ月かけて、彼は、そのリストに取り組んだ。

ここでステップ・バイ・ステップのアプローチが、達成にどれだけ重要かを物語る有名な研究を紹介しよう。

研究方法は以下の通りだ。成績の良くない大学生を無作為に抽出し、そのうち半数の生徒には、目標設定に関する2時間のウェブ・ラーニングをやってもらった。その中で生徒は、最初に5つのステップを通して、将来の目標を考え、それを書き出す。次に、3つのチュートリアルを通して、目標達成のための詳細な計画を立てる。

一方、残りの半数の生徒は、同じく2時間かけてウェブ・パーソナリティー診断を受けた。このグループは、目標設定については一切指導を受けていない。

そして次の学期末、2つのグループの成績を評価した。調査開始時点の個人の平均成績評価点は全員同じで、4点満点中2・2（おおよそC評価）。4カ月後、目標設定を学んだグループの平均点は2・9に上がった。それに対し、後者のグループは2・3でわずかな上昇に終わった。

さらに、目標設定を学んだグループはより多くの単位を履修し、成績にもより高い満足感を示した。つまり目標設定を2時間学んだだけで、留年することなく、前向きな新しい姿勢で卒業できる可能性が、ぐっと高まったのだ。

ステップ・バイ・ステップの実行計画が目標達成に非常に有効であると言える理由は2つある。第1に、目標達成へ効率良く進んでいくためのロードマップが手に入る。これは明らかな利点だ。途中でいちいちプロジェクト全体を振り返る手間が省ける。第2に、誘惑が発生しても、目標を見失ったり、脱線したりしないで済む。

リンドバーグは、計画が具体化するにつれて、彼と契約を結びたいという映画会社や講演者紹介事務所から、何十万ドル（何千万円）もの資金提供を申し込まれたが、すべて断った。そんな儲け話は目標達成のための35項目のリストに入っていなかったからだ。

あなたもリンドバーグを手本にしてほしい。紙を1枚用意して、やらなくてはいけないことをすべて書き出して、その消化具合を確認できるような計画書を作成しよう。

達成のステップ❺　即興的に、臨機応変に対処する――そして目標達成へ

リンドバーグの物語は、まだ途中までしかご紹介していなかった。彼はまだ飛行機を手に入れていない。わたしはこの重要なパートを、ステップ5のために残しておいた。なぜならそのパートは、目標達成のためには柔軟性が必要であることをよく物語っているからだ。さらに、目標に近づいたとき、4つの精神力（情熱・想像力・直感・理性）がそれぞれどのような役割を果たすかも示している。物語の続きをお話ししよう。

リンドバーグは独特な実験機、ライト・ベランカを入手したいと考えていた。しかし、当初、ベランカのオーナーたちは、リスクの高い飛行にライト・ベランカを出すのを嫌がった。もし、墜落したら飛行機とパイロットだけでなく、会社の評判まで地に落ちるからだ。

そこで、リンドバーグは自分専用の実験機を開発してくれる企業を探すことにした。しかし、しばらくしてベランカのオーナーたちが心変わりした。ライト・ベランカを1万5000ドル（150万円）で売るので、小切手を持ってニューヨークに来てほしいと言うのだ。

ところがニューヨークに着いてみると、面識のない人物、起業家チャールズ・レバインが彼を迎えた。レバインはベランカを購入しており、自分の選んだ乗組員と共にレースに参加したいと考えていた。

彼はリンドバーグと彼の資金提供者に飛行機を売って資金面のリスクを減らしたかったが、レースを任せるにはリンドバーグは若くて経験不足だと考えた。そこで、パイロットを自分に決めさせてくれるなら飛行機を売る、という交換条件をつきつけたのだ。

リンドバーグはこの侮辱的な提案に背を向けて立ち去った。彼の落胆は激しく、この挑戦は諦めるとチームメンバーに告げた。そのとき、彼が失いかけたモチベーションを再燃させようとしたのは、チームメンバーたちだった。メンバーたちはオリジナル機を作る計画を続行すべきだと言った。

リンドバーグは以前、サンディエゴのライアン・エアラインズという無名の航空機制作会社とコンタクトを取ったことがあった。その際聞いた話では、リンドバーグの望む飛行機を、エンジンなしなら6000ドル（60万円）で、しかも3カ月の期限内に作れるということだった。リンドバーグは再びライアンに連絡し、制作を依頼、サンディエゴに移った。

リンドバーグは設計士と二人三脚で、「自身の経験を飛行機の構造に生かす」ことを目指した。その結晶として誕生したのがスピリット・オブ・セントルイス号だ。現在はスミソニアン博物館の国立航空宇宙博物館に展示されている。

最終的には、1万ドル（100万円）ちょっとで、ベランカと同じ高効率のホワールウィンドのエンジンを搭載した飛行機が完成した。最高性能のエンジンを、彼のニーズに合わせてカスタマイズした機体に搭載できたのだ。つまり、彼が挫折と思っていたことは実は幸運だったのだ。

彼はその飛行機でサンディエゴからニューヨークのルーズベルト飛行場まで飛び、大陸横断飛行の最高速度を更新した。数日後、ルーズベルト飛行場には3万人以上の観衆が集まった。観衆の熱い視線の先には、リンドバーグと、彼の競争相手（ライト・ベランカに乗ったチャールズ・レバインもいた）が、いつでもパリへ離陸できる状態で待機していた。

レースが始まろうとしていた。後は、大西洋上に停滞している5月下旬の低気圧が解消されるのを待つばかりだった。

◉決断の瞬間　4つの精神力を超越するとき

どんな達成のストーリーでも、その後の名運を分ける重大な決定を下さなくてはならない瞬間がくる。4つの精神力が最終決定権を巡って争い合うのはそんな瞬間だ。

理性はリスクを減らしたがる。

情熱は栄光と報酬を追い求めたい。

想像力は未来を探査し、様々な可能性を検討する。

直感はあれこれせき立ててくる……。

1927年5月19日深夜、天候が回復するかもしれないという予報が出た。それはリンドバーグにとって不意打ちだった。ベッドに入ったのは夜遅くなってからで、しかもほとんど眠れなかった。

翌早朝、飛行場に着いてみると、驚いたことに、競争相手たちはまだ離陸準備が整っていなかった。チャールズ・レバインのチームは足並みが乱れて、誰がベランカのパイロットになるかでもめているという話も聞いた。

信じ難いことだが、彼は競争相手に先んじて出発することができるのだ。他のチームの体制が整う前に、パリへ向かって飛び立てる。しかし彼の頭は様々な疑念でいっぱいになった。

これだけ大量の燃料を載せていたら、着陸脚の支柱が折れてしまうのでは?

高い湿度がエンジンの性能に影響するのではないか?

滑走路が濡れている今の状態では、十分な速度が出ないのではないだろうか?

天候は持つのか? 行くか、行かないか?

リンドバーグは決断を迫られた。彼はあらゆる要素について検討した。しかし理性では答えは出せなかった。このときの心境を、彼はのちに『翼よ、あれがパリの灯だ』で次のように書いている。


理論の限界はすでに過ぎた。今は、飛行における実体のない要素——経験、本能、直感——がそれぞれ自身の価値を天秤にかけ、最終判断を出さなくてはならない。理性を用いた最終的な分析において、既知の要素をすべて考慮した上で、様々な方程式によって机上の数値を算出してもなお、2つの選択肢の点差がわずかな場合、人は現場を自分の目で評価し、意識を超越した答えを出すのだ。

「人間の内部にある何かが肉体を離れ、空想と共に現実を先回りし、成り行きをテストするのだ」と彼は書いている。「岸に立って眺めながら、それを飛び越えられると感じることと似たものだ」

彼は突如、疑念が確信に取って代わられるのを感じた。――答えは「ｇｏ《ゴー》」だ。彼は仲間を見てうなずいた。スロットルを開け、短い滑走路を轟音を立てて走り出す。機体は何回か、ふわりと浮いては地面にバウンドした。翼内の予備燃料が重いせいだ。滑走路の終端が迫る中、とうとう機体はその身を空に投げ出した。彼は飛んでいた。

旅の最も危険な部分は過ぎ去り、かけがえのない飛行機に乗って、彼は飛んでいた。それは「自分のからだの延長のようで、気の向くままに手が動くように――本能的に、命令を受けなくても――心のままに従う」ように感じられた。

33時間半後、リンドバーグはパリへ着陸し、何千万もの人々に歓迎された。彼がアイルランドとイングランド上空を通過したという経過をラジオで聞いた人々が集まったのだ。小さな単発機が、ニューヨークからパリまでの無着陸飛行をやってのけた。こうして、マスコミを賑わす〝世界的有名人〟リンドバーグは誕生したのだった。

◉――計画に固執せず、臨機応変に対処する

計画の焦点がきちんと定まっていれば、臨機応変に対処することもできる。

ナポレオンは、軍事戦略家としての知恵を次のように簡潔にまとめた。有名な言葉だ。

「ひとたび交戦したら、時機《チャンス》をうかがえ」

行動計画が複雑で、相互作用的で、長期的であるほど、即興性なくして目標にたどり着くことはできない。ステップ・バイ・ステップの計画は大切だが、それに固執しすぎるとチャンスが目に入らなくなってしまうのだ。

当初計画していた機体を手に入れられず、諦めようとしたリンドバーグを踏みとどまらせたのは、仲間の資金提供者たちだった。彼らはリンドバーグに、まだこの世に存在しない、もっと良い機体が待っていることを思い出させた。

結局のところ、わたしたちが本書で見てきたストーリーはすべて、人生がいかに計画通りに進まないものかを物語っていると言えよう。人生では、チャンスをつかむ能力や、偶然をチャンスに変える能力が重要な役割を果たしている。成功者は常に動き続け、いつ何時起こるやもしれないチャンスを逃さない。

ほどほどに柔軟な姿勢を保ちつつ、重要な問題に集中しよう。そうすることで、想像力と直感が働き、障害物にぶつかっても解決案を探してくれる。

もし飛行機がキャンセルになったら、あなたは目的地に行く別の方法を探そうとするのではないだろうか。１回の旅に当てはまることは、人生にも当てはまる。計画が頓挫したら、一歩引いて焦点を再確認し、他のルートを進むのだ。

目標達成プロセスのセルフチェック

あなた自身の目標を振り返る

これまでにあなたが達成した目標を、何かひとつ思い出してみてほしい。仕事に限らず、学校や勉強、家族や地域に関することなど、なんでもかまわない。

そのときどんな目標達成プロセスをたどったかを振り返ってみよう。そのエピソードには、次に取り掛かろうと思っている目標への教訓が含まれているはずだ。

1　あなたが達成したこと

2　なぜ、それをやろうという気持ちになったのだろう？
あなたを後押しした望みや情熱はなんだろう？

3

あなたはどうやって目標を設定しただろう？　またどのような計画を立てただろう？
決めた目標や計画は、目標達成にどのように役立っただろう？

4

目標達成のために、臨機応変に対処しなくてはならない場面はあっただろうか？
そのときどのように対処しただろう？

5　目標達成のプロセスで、あなたが最も頼った力は、4つの精神力（情熱・想像力・直感・理性）のうちどれだろうか？　それぞれ、どのように使ったかを書いてみよう。

情熱：

想像力：

直感：

理性：

◉———最後に

リンドバーグの偉業には感動を覚える。しかし目標を達成することは、成功の唯一の指標でもなければ、最重要の指標でもない。

確かにリンドバーグは、その名を歴史に刻んだ。しかしそれでも、「成功の授業」で彼の話を議題とすると、彼が本当に「成功者」と呼べるのかどうかについて、生徒の意見が割れる。彼の人生は悲しみと論争に満ちていたからだ。

彼はこどもを1人誘拐され、殺害されている。密かに、複数の国の複数の女性との間にこどもをもうけ、養っていた。真珠湾攻撃以前は、アメリカ優先委員会の中心人物として、対ドイツ戦に参戦しないよう国に働きかけた。このことや、その他多くの理由で（反ユダヤ主義など）彼は非難された。そして後年はそのほとんどを、世界中の絶滅危惧種と先住民の保護に費やしたが、このことはあまり知られていない。

リンドバーグ自身も晩年、ニューヨーク＝パリ飛行の達成は、当時思っていたほど重要なことではなかったと結論している。「人類の達成はすべて、生活の質を維持・改善するという程度の価値しかありません」と。

ビートルズのジョン・レノンは、自作曲「ビューティフル・ボーイ」で、達成目標を重視しすぎると罠にはまると警鐘を鳴らしている。彼が歌っているように、「あれこれ計画を立てている間に」身の回りで起きていることこそ人生なのだ。

わたしたちはあまりにもたやすく、あまり重要ではない緊急の目標を優先する。そして本当に重要な問題や価値観を後回しにしてしまう。仕事の打ち合わせに遅れそうだからといって、黄色信号に突っ込んでいくのは、仕事のために自分や他人の命を後回しにすることだ。

あなたは、もぐら叩きのもぐらのように次々と湧いてくる小さな緊急の目標をやっつけようと、てんてこ舞いになっていないだろうか？　その間、あなたは大事なことを忘れているはずだ。真の成功の指標は、どう生きるかであって、何を達成するかではない。

プリンストン神学校で行われたこんな実験がある。心理学者は生徒たちに説教の準備をするよう指示した。生徒たちは時間割を厳格に決められたが、その時間割は、そもそも間に合わないように心理学者によって仕組まれたものだった。

さらに心理学者たちは、生徒たちを試す〝芝居〟を打った。説教をする礼拝堂の前に、身なりがよれよれで、どう見ても助けを必要としている男性を配置したのだ。生徒たちは、その行き倒れの男性をまたがなくては、礼拝堂に入れない。

遅れずに礼拝堂にたどり着くという差し迫った目標に駆り立てられていた生徒たちのうち、

立ち止まって男性に手をさしのべた生徒は10％しかいなかった。

緊急性の高い目標にがむしゃらになっていると、家族、健康、人を大事にすることなど、人生で本当に重要なことを忘れてしまう。神学校の生徒だってそうなのだ。

最後になったが、もう1つ言っておきたいことがある。〝成功業界〟の大物たちは、成功するための秘密の方法があるかのように語る。「わたしの本当の信者だけが力を操り、未来を思い通りに展開させられる」とでも言うかのように。

しかし、リンドバーグの話から分かるように、成功には〝秘密〟など一切ない。ただ、目的意識を持って、一生懸命、1つのことに粘り強く取り組むことだ。その労力を惜しんではいけない。

以上のことを念頭に置いて、最終章へ進もう。あなたには今、価値のある目標と、それを実行するための計画がある。あとは、望みの場所へたどり着くために、周りの人を動かすことを学ぼう。

第8章のポイント

4つの精神力を1点に集中させて、目標を達成しよう

成功に秘密などない。誰もが持っている、4つの精神力、情熱・想像力・直感・理性を呼び起こし、それらが地道に、創造的に協働するような長期目標を見つけなくてはならない。

4つの精神力を最大限に活かすプロセスは、以下の通り。

1 情熱に耳を傾け、挑戦する価値のある目標を立てる
2 想像力と直感を生かしてアイデアを生み出す
3 SMARTな計画を立てる
4 計画を小さなステップにわける
5 即興的に、臨機応変に対処する
——そして目標達成へ

第9章

信頼性と対話——人を動かす

常に正しいことを為せ。
それはある人々を喜ばせ、残りの人々を驚嘆させる。

——マーク・トウェイン

1927年5月27日。ケープ・コッドの南沖には、深い霧が立ちこめていた。そこで試運転を行っていた当時のアメリカ最大の商船・汽船マロロ号に、ノルウェーの貨物船がフルスピードで衝突し、舵側の船体を削った。ちょうど、機関室とボイラー室がある場所に、横60センチ、縦450センチの溝ができた。

その溝は、タイタニック号が1912年に氷山との衝突で負った傷に匹敵する致命的な深手だった。7000トンの海水が機関室にどっと流れ込み、沈没は時間の問題と思われた。

しかし、その船の設計者、ウィリアム・フランシス・ギブスは、船舶の安全性に異常なまでのこだわりを持つ完璧主義者だった（事故発生当時、彼はマロロ号に乗船していた）。マロロ号は衝突後に5度だけ傾くと、ぴたりと止まった。ギブスの革新的な船体設計がマロロ号をピンチから救ったのだ。マロロ号は他の船に引かれて悠々と海を渡り、ニューヨーク港ですみやかに修理され、その後50年、堂々たる活躍を見せることになった。

ギブスは時代を代表する一流の造船技師と目されるようになり、ギブス式の船体構造は造船業界のスタンダードとなった。彼が作った会社ギブス&コックスは、最終的に従業員1000人以上の規模に成長。2000トン超級の商船の63％、第二次世界大戦で使用されたアメリカ海軍艦艇の74％を設計した。彼は戦争を遂行する上で重要な存在となり、戦時中の1942年9月『タイム』誌の表紙を飾った。

戦後、ギブスは長年の夢を叶え国産の豪華客船「ユナイテッド・ステーツ」を造り上げた。

ギブスが彼の弟と共同運営したギブス&コックスは、今日も盛況で、業界最大手の独立系造船会社の地位を保っている。

歴史家のスティーブン・ウジフサが、著書『A Man and His Ship: America's Greatest Naval Architect and His Quest to Build the S. S. United States（船に生きた男――アメリカの偉大なる造船技師が夢の豪華客船を造るまで）』で述べている通り、造船業でギブスほど大きな成功を収めた者は少ない。

彼はなぜ成功できたのだろうか？　その要因は3つある。

第1に、本書で見てきた多くの人物と同様、彼も、心を惹かれたものに人生を捧げた。彼が造船業に心を奪われたのは8歳のとき、フィラデルフィアの造船所で、遠洋定期船《オーシャン・ライナー》セントルイス号の進水式を見たときのことだった。「わたしはその日から船に人生を捧げたのです」とギブスは語っている。

第2に、彼は20代半ばまで親の望みに従ったが、やりたい仕事を諦めはしなかった。父からは弁護士になれと言われていた。その目標を達成するためハーバード大学に進学したが、金融恐慌で父の事業が倒産したのを受け、中退。結局、学費を稼ぎながらコロンビア大学とコロンビア大学法科大学院を卒業した。苦学の末、弁護士になったのに、弁護士として働いたのは結局卒業後の1年間だけだった。

学生時代のギブスは、毎夜自分の部屋で、船の設計の研究にふけっていた。法科大学院時代でさえ、夜な夜な1人で工学の勉強に励んだ。

「本当に何かを身につけたければ、独学することです」と彼は言い切っている。本当の人生が始まったのは、本意でなかった弁護士業をやめ、造船技師の見習工になってからだった。それからというもの、ギブスは二度と後ろを振り返らなかった。

第3の成功要因は、この章で取り上げるテーマと関係がある。つまり「成功に必要な社会的要素＝人間関係にどう対処するか?」ということだ。

ギブスの基本的スタンスは〝ただありのままの自分であろうと努める〟。彼は業界きっての偏屈で付き合いにくい男だった。デール・カーネギーの有名な成功指南書『人を動かす』(邦訳・創元社)に書かれているルールに、ほぼ反している。めったに笑わず、人の名前も覚えない。お世辞は言うのも聞くのもごめんだ。

「人気者になろうとしたり、誰からも好かれようとするなんて、くだらないことだ」と彼は『フォーチュン』誌の取材に答えている。「わたしがこれ以上ひどい人間じゃないことを、みな神に感謝していると思う」

要するに、ギブスはいい人ではなかったが、成功した。彼は本物だったからだ。

ギブスは、「自分は自分」という哲学を、将来妻となる女性を口説くのにさえ適用した。彼は晩婚だった。自分の性格に耐えられる相手を見つけるのに時間がかかったのだ。

その相手はヴェラ・クラヴァス。父はニューヨークを代表する弁護士で、華やかな彼女は社交界の有名人だった。ギブスは41歳でヴェラは31歳。2人は何から何まで正反対だったが、それまでニューヨークの社交界で、人当たりは良くても中身のない男を数え切れないほど見てきたヴェラは、ギブスのひたむきさに好奇心をそそられた。

1927年、ディナーパーティーで初めてギブスと出会ったときのことを、彼女はこう説明している。「ちょっと変わった人だとは思いましたが、心を奪われました。こう言うとすごくありきたりに聞こえるかもしれませんが、夫は自分がやりたいことをはっきり分かっている人でした。自分は船を造りたいんだ、と」

その1カ月後、2人は駆け落ちをし、友人や家族をびっくりさせた。ヴェラはそれからというもの、1967年に夫がなくなるまで、献身的な妻であり、夫の一番のファンであり続けた。

後ほど解説するが、ギブスはその人当たりの悪さのせいで、人生の、ある重要な点においては失敗している。しかし、彼は紛れもない大成功者だ。それはひとえに彼の信頼性のおかげである。ギブスは、人付き合いが下手なせいで夢を叶えられないと思っているすべての人々に、希望の光を投げかけている。

この章では、あなたの持っている〝成功につながる素質〟のうち、人間関係の側面を深く掘り下げてもらおうと思う。

ギブスはデール・カーネギーの古典的成功指南書にことごとく反していたわけだが、ここではその名著に敬意を表して、その本の構成に沿って議論を進めていく。まず友情について、その後、人間関係で成功するための影響力と信頼性について見ていこう。

◉――友達を作り、影響力を発揮する

大事なことであるにもかかわらず、人はみな人間関係については自己流で対処している。実際、ギブスの物語から読み取れるように、人間関係の舵の取り方は、人の性格の数だけある。ギブスのように、友達をたくさん作らなくても、人を動かす影響力を培うことはできる。対照的に、彼の妻ヴェラのように、広い人脈を築くことで目標を達成する方法もある。

成功の人間関係の側面を深掘りするには、先に2つのキーワードを明確に定義しておかなくてはいけない。1つは「影響力」。もう1つは「友達」だ。

わたしの考える「影響力」の定義とは、「賄賂、脅迫、暴力といった手段に出ることなく、人の行動に影響を与える能力」のことだ。

それは、権威や専門知識、実績によって得られる。ほとんどの場合、人があなたに動かされようと思うかどうかは〝あなたが信用できる人物かどうか〟にかかっている。

ギブスは、最初は造船の知識しかなかった。そこから設計技術を磨き、大規模プロジェクトを成功させることで能力を証明、会社を興して権威も手に入れた。そして公正な取引と設計の信頼性が評判となり、信用を勝ち取った。

彼はこれらの要素を何十年もかけてこつこつ積み上げ、絶大な影響力を得た。しかし、そんな彼も、ごくわずかな人たちにしか好かれなかった。

「友達」の定義はさらに難解だ。ソーシャルメディアが現れて、人間関係はさらに多様になった。ブログはいつもチェックしているが一度も会ったことがない相手は、友達だろうか？　友達でいるためには、投稿やコメントへの返信をどれくらいの頻度でしなければいけないのだろう？

アリストテレスは、友達を3つのカテゴリーに分類している。

・楽しい友
・有用な友
・善き友

この分類を学ぶと、生徒たちは自分の友達をはっきり分類できるようになる。3つすべてを満たす友人がいることに気づいてそれに感謝するといったことも起きる。

「楽しい友」は基本的に趣味の仲間だ。スポーツ観戦の仲間、買い物友達、読書会や映画鑑賞会のメンバー、飲み友達などなど。

それに対し「有用な友」は、主に仕事上の課題に取り組むために交流する相手を指す。

アリストテレスが、最も興味深い関係だと思っていたのは「善き友」だ。それは、自分の心の底にある考えや感情を、長期にわたって共有する相手だ。人生や家族、個人的な決意、アイデア、情熱などについて、前回中断したところからいきなり会話を再開できる相手でもある。

この章では主に「有用な友」との関係に焦点を当てるが、章の最後で「善き友」についても考えることにしよう。

「善き友」について、1つ断言できることがある。「善き友」との友情においては、人付き合いがうまいとか、ソーシャルメディアを使いこなしているといったことは重要ではない。重要なのは「ありのままのあなたが人として信頼できるかどうか」である。

ただし「ありのままの自分」でいることは、口で言うほど簡単ではない。なぜなら、それは自分に確固たる自信がなければできないことだからだ。

ギブスにもわずかだが「善き友」がいた。その友人たちはギブスの偏屈さを攻撃的とは見なさず、〝彼は引っ込み思案で、内向的だ。だから、無意味な雑談で時間を無駄にせずに済むよう、ああいう態度を取っているんだ〟と受け止めた。ギブスのことを熟知していたから、彼がいらついているときは、そっとしておいた。

彼が心を許せる数少ない友人の1人である、女優キャサリン・コーネルは、次のように語っている。「ギブスは仕事に厳しく、一切妥協しなかったから、職場ではほぼ孤立状態だったわ」と。「彼は気安く友達を作るタイプではなかったんです。でも、好きな人のためなら、どんなささいなことでも助けになろうとする人です。それに、彼はいつだってとても寛大でした」

しかしもっと広い範囲の仕事上の人間関係「有用な友」を相手にする場合は、社交性を発揮しなくてはならない。後ほど分かるように、ギブスでさえ、必要とあれば、ほんの短時間ではあるが、社交的な魅力を発揮したのだ。

◉――うち解けた関係《ラポール》を築いて「有用な友」を作る

社交性を発揮し、他者と上手に接するには、〝うち解けた関係〟を築くプロセスを理解しておくことが重要だ。

しかし、このプロセスを理解しようとすると、パラドックスがついて回る。計画を達成するためには、自分を周りに合わせて変化させなければならないが、やりすぎも良くない。

つまりこういうことだ。あなたがあまりにもその場の雰囲気に合わせようとしない場合、何を考えているのかよく分からない人、社会的に未熟な人、横柄な人という印象を周りに与えかねない。ギブスやスティーブ・ジョブズ並みの大物であれば、それでも許されるかもしれないが、危険な賭けだ。

かといって、周囲に溶け込もうと八方美人に振る舞えば、それはそれで周りからの尊敬も信用も失う可能性がある。成功を総合的に判断するなら、それはあまりに大きな代償だ。

微笑みの価値

ギブスの数少ない「善き友」は、演劇界の人々だった。彼らは、ギブスが人に与える印象をコントロールするときに使う、一種の役者的な腕前を高く評価していた。

女優キャサリン・コーネルはこう評している。「彼のむすっとした表情は、彼にとってはポーズにすぎなかったのです。内気だったからでしょうかね。正直、理由は分かりません。でも実に素晴らしい演技でした。彼が微笑んだりしたら、みんなイチコロでしたよ」

ギブスは非常に内向的で内気だった。しかし、ここぞというときの微笑みは値千金であることを知っていた。彼にもそれだけの社交の知恵はあったのだ。

微笑みは重要だ。なぜならそれは、協力的な意思疎通を始めようとしているサインだからだ。人との交流の場に、まったく微笑みがなければ、何かしら問題があるということだ。

エール大学心理学部教授マリアン・ラフランスは、微笑みの研究成果を凝縮した著書『微笑みのたくらみ』（邦訳・化学同人）を出版している。その中で彼女は、人が誰かと接する際、いかに微笑みによって本当の気持ちを隠したり、逆に明かしたりしているかを解説している。

人は微笑むと、往々にして気分が良くなる、と彼女は言う。さらに、事故やボトックス注射により、微笑んだり眉をひそめたりできなくなると、他者の気持ちに共感しにくくなる可能性があるという。わたしたちは、相手の顔つきを無意識に真似ることで、その人の気持ちを想像している。だから真似ることができなくなれば、その方法で相手の気持ちを推し量ることはできなくなってしまうのだ。

感情労働──表層演技と深層演技

ギブスは頻繁に笑う必要はなかった。それは彼の仕事が、心理学者の言う「感情労働」をあまり必要としないタイプの仕事だからだ。技術系の仕事や知的労働の分野には、そのような仕事がたくさんある。例えば技術職、文筆業、会計業、金融業などだ。しかし世界経済の多くを占めるサービス業では、安心感を与える前向きな感情を表に出さなければならない。

心理学者は、「感情労働」には2種類の手法があるとし、それを「表層演技」と「深層演技」と呼んでいる。

ここで、１つ試してもらいたいことがある。今すぐ本から顔を上げて、手のひらを顔の正面に向け、そこに向かって微笑んでみよう。

今あなたが感じている感情が、表層演技をする人の気持ちそのものだ。それは顔の筋肉を動かしたに過ぎず、心から湧き出る動機はまったくない。

卒業アルバムやパーティーのスナップ写真は、そんな微笑みであふれている。ファストフード店のレジ係の微笑みも、表層演技だと思ってまず間違いない。それに対して、深層演技は微笑みを引き起こすような嘘偽りない感情が心になければ、発生しないタイプのものである。

18世紀中頃に活躍したギューム・デュシーヌというフランス人医師は、様々な微笑みの違いを研究した最初の科学者だ。彼は、最も信憑性のある微笑み（＝深層演技）には、意識的には動かせない目の周りの筋肉と、意識的に動かせる口の周りの筋肉、両方の動きが伴うことを発見した。この種類の微笑みは「デュシーヌ・スマイル」と呼ばれている。


SAME性格診断の結果が外向型だった人は感情労働に向いている。見知らぬ人との触れ合いを本当に楽しんでいるのだから。内向型は、微笑むために一層努力しなくてはならない。

「成功の授業」には、レストランでホールスタッフのアルバイトをしたことがあるという内向的な生徒たちが何人かいた。その生徒たちによると、感情労働が必要となるような、きめ細やかなサービスを提供できたときは、普段よりもたくさんチップをもらえたそうだ。実際、サービス提供者が顧客に伝えるポジティブな感情が本物らしいほど、顧客はそのサービスにより高いお金を払い、よりチップをはずむことが実証されている。

さて、内向型の生徒たちは、一体どうやってうまく感情労働をこなしたのだろうか？

ある生徒は、顧客を自分の遠い親戚だと思うことにした。そして、まるで家族を心配しているかのような態度で接するようにしたのだそうだ。つまり、サービス業に必要な〝感情を込める〟準備を整えることで、成果を出したのだ。

しかし、攻撃的で横柄な態度の顧客が現れると、内向型は壁にぶつかる可能性が高い。内向型が、仕事の質やスピードだけでなく、サービス精神や顧客満足を求められる仕事に疲労困憊してしまうのは、無理もないことなのだ。

わたしは、世界トップクラスの高級ホテル、フォーシーズンズ・ホテルのコンサルタントをやっていたことがある。その際すぐ気づいたのだが、そこで働く従業員は、CEOからフロント係に至るまで、この上なく心温まるスタイルで人々をもてなしていた。

わたしはこのことについて尋ねてみた。すると、「わが社は、お客様と接する機会のあるスタッフを採用する際は、どんな職種であっても、非常に慎重に吟味しています」という答えが返ってきた。

上級副社長からは、高級ホテルの運営について、こう説明されたことがある。

「高級ホテルを運営するのは、ブロードウェイの舞台を演出するようなものです。しかも、何百人がかりで、1年365日完璧にこなさないといけません。1人1人に役割があって、毎日早朝に幕が上がり、それが降りるのは真夜中をずっと過ぎてから。その間ずっと演じ続けるには〝特殊な性格〟が必要なのです」

フォーシーズンズ・ホテルともなると、表層演技ではやっていけないのだ。そのサービスは深層演技に達していなくてはならない。つまりフォーシーズンズ・ホテルの従業員は、みな役者なのだ。会社はそれに対して相当の給料を払っている。

類似性と好意　どうやって場に溶け込むべきか？

人は、旅先の異国で同じ言葉を話す人と出会うと、仲良くなる。世界中の酒場では、同じプロスポーツチームを応援する人たちが、サポーターという一種の民族を結成している。人はみな、共通点がない相手よりも、共通点のある相手を好む。実際、ほぼどんな共通体験でも、無意識のうちに共感反応を引き起こすことが研究により明らかになっている。

ある実験では、初対面の被験者を2人1組のチームにし、センサーの上で手を叩いて音楽性のある音を出すよう挑戦してもらった。実験者たちは、あるチームは2人の音がハーモニーを奏でるように、他のチームでは音が揃わないように操作した。

その後、各チームのうち1人が、理不尽な理由で実験者に非難され、ペナルティとして課題を終わらせるよう指示される。ただし、もう1人のチームメイトが手伝ってもいいという条件が与えられた。その結果、ハーモニーを奏でたチームでは、互いに協力する傾向が断然高く、協力する時間も大幅に長かった。

これと同様の研究により、誕生日が一緒、専攻が一緒、味の好みが一緒などのささいな共通性でさえ、チームワークが必要な課題に対するやる気を高めることが証明されている。

人は初対面のときはたいてい、とりあえず最初に微笑んでから、数ステップかけて相手を調査し、心理学者が「類似性」と呼ぶものを見つけようとするが、あまりよく知らない人たちと〝うち解けた関係〟を築きたければ、特に、映画や仕事、経歴、最近のニュース、旅行に関する雑談が有効だ。

こういった社交的なやりとりは、内向型にとってはハードルが高い。特に、大人数と顔を突き合わせて交流する場は、気心の知れた少人数グループでの交流を好む人にはストレスが多い。しかし、そういった集まりを完全に拒否してしまうのは、イベントの目的や主催者を大切に思っていないと言っているようなものだ。どうしたらいいのだろうか?

『内向型を強みにする』(邦訳・パンローリング)の著者、マーティ・オルセン・レイニーは、内向型の人が社交イベントをのり切るための戦略を、具体的に提案している。

・事前に準備する――イベントに出席するときは、前もって社交戦略を考えておく

・少人数のグループを作る――静かな場所を探し、共通点のある人や内向型の仲間数人と、腰を落ち着けて語る
・時事ネタを3つ用意しておく――最近のニュースは共通の話題にしやすい
・おしゃべり好きな人に場を委ねる――聞き手としてのスキルを発揮して、その人におおいにしゃべってもらう。そこに引き寄せられてきた、比較的口数の少ない人たちと交流する
・会話の流れを変えるセリフを用意しておく――会話が行き詰まっているとき抜け出す言い訳をいくつか考えておく（「すみませんが、ちょっと家に電話して様子を確認しないといけませんので……」等）。それらの言い訳を使って、燃え尽きる前に退出する
・明確な役割を持つ――料理や飲み物を用意する、ＢＧＭ担当になる、落ち着きのないこどもの相手をする、ゲストを出迎える、などの方法で主催者を手伝おう

社交イベントの準備にそこまで神経を使うのは、ちょっと大げさじゃないかと思うかもしれない。しかし、こうした訓練は、後々就職活動をするときに役立つかもしれない。

一流コンサルティング企業には、「エアポートテスト」と呼ぶ評価方法がある。採用担当者は志望者の面接を終え、履歴書とその人の知性を評価したら、最後に自分にこう問いかける。「飛行機が遅れて、この人と丸1日空港で過ごすことになっても構わないだろうか？」

答えがイエスなら、その志望者は、クライアントや同僚ともうまくやっていけるだけの対人

スキルを持っているだろうと判断するのだ。

新しい集団に入ったり、新しい関係を構築したりする重要な場面では「好意反応」を引き出すために、そのきっかけとなる「類似性」を確立する方法を前もって準備するといいのだ。

周りに合わせすぎることのマイナス面

類似性のアピールは、必死にやっていると思われると、とたんに裏目に出る。メディア&コミュニケーション学部教授のジェフ・プーリーは言う。

「自分を売りたければ、自分を売っているように見せないこと。それが最善の方法です」

雇用環境に関するある研究によれば、あまりに「八方美人《インターパーソナル・スピン》」だと、つまり人を喜ばせようと態度を変えてばかりいると、同僚から尊敬されなくなるという。

また、ある調査では、複数の従業員たちが、態度をコロコロ変える〝カメレオン〟タイプの同僚とはあまり付き合わないようにしている、と回答した。〝カメレオン〟たちのことを知れば知るほど、周りの人はますます不信感を抱き、避けるようになる。

八方美人に振る舞うリスクは他にもある。自分自身の方向性を見失う恐れがあるのだ。17世紀の哲学者ラ・ロシュフコーはすでに数百年前に、次のように言っている。

「わたしたちは他人に対して自分を偽ることにあまりに慣れすぎているため、終《しま》いには自分に対しても自分を偽る」

実例を挙げよう。以前「成功の授業」に、極めて人当たりの良い、ビルという生徒がいた。彼は、話をするときは微笑みを絶やさず、クラスメートと発言のタイミングがかぶってしまったときには、いつも「ぼくは後でいいから」と言った。だから彼が大学のフラタニティー（男子学生社交クラブ）に入って、それを学生生活の中心にすることを選んだ、と知ってもわたしはまったく驚かなかった。

「成功の授業」が進んでいくうちに、彼から、人付き合いについて葛藤を抱いていると打ち明けられた。彼は最近になって自分がゲイであることに気づいたという。もちろんそれは彼のアイデンティティに影響する問題ではある。しかし、葛藤の原因はそれではなかった。

彼を悩ませていたのは〝フラタニティーの特徴である同性愛嫌悪主義の文化に異を唱えようとしたが、できなかった。この事実にどう対処したらいいものだろうか〟ということだった。このことを問題化して、フラタニティーの仲間《ブラザーズ》たちにつきつけるべきなのか。それとも何ごともなかったように卒業までの期間を過ごし、行き場をなくした大学時代のことは忘れるべきなのか。

「ぼくは君じゃない」――これが、「成功の授業」でビルが出した最終論文のタイトルだ。カウンセリングを受け「真の友達」のアドバイスを聞き、彼が1人の学生として最終的に取った行動は、フラタニティー主催の4年生同士の年次夕食会で起きた。

ビルは前もって打ち明けておいた彼の支持者とともに立ち上がり、同性愛者であることを告白した。彼の声は震えていた。その声で「同性愛者に対する態度を変えるべきだ」とフラタニティーの仲間たちに呼びかけた。

ビルは言った。「ぼくのような」人間を差別的な言葉で語るのはやめよう、と。この短いスピーチの衝撃に、場は静まり返った。しかしその次の瞬間、拍手喝采が湧き起こる。彼の友人たちだった。そしてついには、全員がスタンディング・オベーションで彼を讃えた。

それはビルの成人期の始まりを告げる、記念碑的瞬間だった。とうとう、彼の中の本当の自分が、〝場に溶け込もうと必死になる〟習性に打ち勝ったのだ。

つまり、社会生活とは、本当の個性と帰属欲求のバランスを取る行為なのである。そして、それまでと違う状況や出会いの場で、バランスをどう取るか決められるのはあなただけだ。

奇抜な我を通すことに固執すると、孤独な人生になる。逆に、信じてもいない社会規範に迎合しすぎると、以前のビルがそうだったように、ニセ者気分を味わうことになる。「総合的幸せ」を高めるためにも、極端な偏りは避けなくてはいけない。

信頼性を築く　人間関係を通じてものごとを成し遂げる

ここまでは〝うち解けた関係《ラポール》〟について話してきた。しかし、重要なプロジェクトで人を動かすには、〝うち解けた関係〟では不十分だ。そこには、実体の伴った信頼性がなくてはならない。

章の冒頭で触れたように、信頼性は、以下の４つの要素を、人がどう受け止めるかによって決まる。

・公私における権威
・知識
・実績に対する評判
・人間としての信用

信頼性を、４本脚の椅子だと考えてみるとよい。あなたの信頼性が、４本の脚の上でしっかり固定されていれば、あなたの提案は真剣に受け止めてもらえる。４本のうち１本でも引き抜けば、あなたの信頼性はぐらつき、場合によってはぺしゃんこに潰れてしまう。

提案しようとしている分野に関して、あなたには「権威」がないとか、「知識」が不足しているとか、類似案件を扱った「実績」がないとか、そもそも人として「信用」できないとか思われたら、あなたは話を聞いてもらうのに相当苦労するだろう。

信頼性の面で、ギブスは優れていた。ギブスは従業員を大切にしていた。無理をしてでも、従業員の幸福を気にかけていることを示すよう努力した。その甲斐あって、組織内に強い相互信頼が生まれ、共通の目的意識が築かれた。

1941年12月8日、日本軍が真珠湾を攻撃した翌日、彼は全従業員に対して次のような文書を出している。「わたしは常々諸君を誇りに思ってきた。しかし、この仕事の厳粛な責任を全員で受け止める今このときほど、誇りを感じたことはない。諸君たち1人1人が最善を尽くすものと信じている」前述した通り、ギブス&コックスは、第二次世界大戦中にアメリカが製造した船の大半を設計するようになった。

ギブスは戦時中に成功を収め、戦争が終わったときには業界内で絶大な影響力を持っていた。さらに、そんな彼の存在によって、ギブス&コックスで働く従業員たちも、造船の各専門分野において名声を博した。

最終的に、ギブスの信頼性は絶対的なものとなった。会社の利益に関して誤った噂が流れたために、1944年、ギブスは連邦議会で聴取されたが、結局彼の勝利に終わった。その際、議会の委員長は、ギブスは直接的に「国に多大なる貢献をした」と宣言した。政府の最大の証人もこう証言した――〝ギブス&コックスは我が国の戦争遂行のあらゆる面で絶対不可欠な存在になっている〟。この称賛は、ギブスのその後の人生における名声を盤石にした。

残念ながら、ほとんどの人はギブスほど有名になったり、高く評価されることはないだろう。ということは、何かを提案する際、提案内容に見合った知名度がないという理由で相手の信頼を得られないと思う場合には、それなりの手を打たなければならないということだ。

信頼性を築く足がかりを築くには？

信頼性の4つの要素（公私における権威・知識・実績に対する評判・人間としての信用）のいずれかが不足している場合はどうしたらいいだろうか？　その場合に有効なのは、あなたに足りない信頼性を持っている人の推薦・紹介を受けて、自分の信頼性を高めることだ。

ギブスも最初はそうして信頼を築いている。彼は、まだ弁護士だった29歳のとき、銀行家のJ・P・モルガン・ジュニアからの支援を得た。

無名だったギブスが、どうやってその時代の最も有力な銀行家と接触を果たしたのだろうか？　その道のりは、アイデアだけが武器の若者が、推薦と紹介で信頼性を高めていくプロセスを、鮮やかに描いている。

ギブスはまず、大学時代の友達に頼んで、大手総合電機メーカー、ゼネラル・エレクトリックの主任技術者、リロイ・エメットに引き合わせてもらった。エメットのチームは巨大電動タービンを制作しており、アメリカ海軍に売り込むエンジンに、このタービンを組み込む方法を模索していた。

ギブスと会ったエメットは、彼の船舶設計の専門知識にたちまち感銘を受けた。ギブスの伝記作家、スティーブン・ウジフサはそのときのことをこう書いている。

「海軍の官僚を相手にして何年も経つ今このとき、船舶設計の知識と、本当に壮大なビジョン、両方を併せ持った若者が現れたのだ」

エメットは、ギブスが海軍少将デビッド・W・テイラーに会えるよう手はずを整えてくれた。テイラーは海軍の船舶設計と建造技術の第一人者だ。彼はすぐにギブスの大胆不敵な計画に惚れ込み、ワシントン海軍造船所でテストするために、ギブスの船の縮尺模型を作ることに同意した。

パズルの最後のピースは、資金調達だった。ギブスはまずロングアイランド鉄道の社長、ラルフ・ピータースに当たった。事前の下調べで、ピータースがロングアイランド島の東海岸の街モントークに港を建設する方法を探していることを知っていたのだ。ピータースはその港と自社の鉄道を結ぶことを視野に入れていた。

ギブスは弟と共にピータースのオフィスを訪ねると、事務員に「モントーク＝イングランド間の船の件でお話ししたいことがあり伺いました」と言った。ピータースはこのアポなしの客を自ら部屋に案内し、ギブスの立てた計画にざっと目を通した。「エメットとテイラー、業界の大物2人が彼を支持しているのか……」彼は受話器を取り上げると、ジャック・モルガンに電話をかけた。

ギブスとモルガンの面会は極めて短かった。ピータース、エメット、テイラー、3人の支持を受け、精巧な縮尺モデルがワシントン海軍造船所でテストされているという状況を背景に、ギブスは現実的なプレゼンテーションをし、入念な計画と大胆な構想を説明した。

モルガンはギブスの話を聞くと、部屋を出て、20分後に戻ってきた。寡黙な男、ジャック・モルガンは、ギブスのそれまでの人生で最も甘美だったであろう6つの単語を発した。

「Very well, I will back you.(よろしい。支援いたしましょう)」

実力者との重要な交渉に備えるには、人脈と信頼性の両方を構築しておくことが有効だ。それと同時に、必ず、信頼性の椅子の4本の脚すべてを、できる限り頑丈にしておこう。そこまで来たら、次は、聞き手の心に入り込む術を見つけなくてはならない。

説得と対話――信頼性を情熱に結びつける

次は、説得を通じてさらに深いレベルで相手とつながる番だ。

説得には、主張の提示、主張に対する理由づけ、勧誘の3つの段階が含まれる。もちろん、それは聞き手の心を揺さぶるものでなくてはいけない。

説得を仕事にしているプロ（弁護士、広告主、政治家など）は、あらかじめ決められた立場を主張する戦術を磨いている。わたしは以前弁護士だったから、そうしたディベート手法の利点も限界も知っている。

比較的フォーマルな場では、論点をはっきりさせて議論に勝つ手段として、〝論理〟を積み上げる方法が適している。だからこうした説得スキルは有益なツールとなる。しかし、人生の重要な場面で説得力を発揮しようとするなら、〝感情〟でコミュニケーションを取る方が効果的だ。それはつまり、信頼性と情熱を結びつける必要があるということだ。

企業研修を生業とするバイタルスマート社のチームが書いたベストセラー『ダイアローグスマート』（邦訳・幻冬舎ルネッサンス）の中で、著者たちは次のように主張している――本当に人とつながろうとするときは、説得は対話、つまり〝双方向の交流〟と考えるべきである。どちらかが一方的に相手に受け入れさせる、という捉え方はお勧めしない、と。

人は誰かの説得を受けたからといって、ただそれだけで説得されることはまずない。人間の視点取得には先天的に限界があるからだ。いくら上手に説得されたからといって、他者があなたの視点で世界を捉えることは、非常に困難なことなのだ。

自分自身の内面世界とは、はっきりと認識できるものだ。あなたは自分の意図や期待、願望を直に感じる。しかし他の人の内面世界についてはどうだろう。ひとつでも正確に分かることがあるだろうか？

人の内面は、覗こうとしても覗けるものではない。だから、人の思考や感情、意図、モチベーションは、その人の言動から推測せざるを得ない。相手にとっても、あなたに関して得られる情報はそれがすべてなのだ。

だから、説得の場で起こっていることとは〝1人がもう1人を見事な弁舌で負かす〟ということではない。説得されている側は、相手の案は受け入れる価値のあるものだと、自分で自分を説得しているのだ。つまり説得されている側は以下の3つの手順を踏んでいる。

1　相手の言い分を聞き、それについて考える
2　その言い分に対する相手の熱い思いに触れる
3　相手の案を、自分の納得できる理論に組み立て直す

あなたも、相手の発言した考えを進んで受け入れなくてはいけない。あなた自身も、相手と同じ手順を踏んで。『ダイアローグスマート』では、このプロセスを「共有の思いのプール」を作る行為と呼んでいる。それが目指すのは、ある状況に対する共通の理解を築き、力を合わせて、問題を解決したり状況を前進させたりする方法を見つけることだ。

そのためには、自分にとって本当に大切なことについて、本心を語らなくてはいけない。そうやってガードを下ろした状態を作れば、相手と真摯に向き合う意志を示すことになる。実例を見てみよう。

心からの言葉が人生を変えるとき

最近、通信社がある驚くべきストーリーを伝えた。主人公は、薬物中毒のシングルマザー、アシュリー・スミス。社会的には敗者と思われる彼女が、並外れた対話スキルを発揮したのだ。ある日の深夜2時半頃。近くのコンビニエンス・ストアから家に向かって歩いていた彼女を、ブライアン・ニコルズが人質に取った。ニコルズは血も涙もない殺人鬼だ。その日の前日、強姦容疑で出廷した裁判所で裁判長と法廷記者を銃殺した上、逃走中に保安官代理を殺害、その数時間後、州職員も殺害していた。ジョージア州は、州史上最大規模の捜査で彼を追った。

ニコルズはスミスを捕まえると、彼女を脅して部屋に上がり込んだ。スミスは、部屋に入ってすぐ、「この人は、テレビのニュースで大々的に報道されている逃亡者だ」と気がついた。

恐ろしかったが、彼女は冷静さを保ち、その後数時間かけて「共有の思いのプール」を作ることで小さな奇跡を起こしたのだ。

彼女が発した第一声は、「お願いだから殺さないで。わたしの娘を孤児にさせないでちょうだい」というものだった。「女の子がいるのか……どこだ?」ニコルズが尋ねた。スミスは、今晩はよそに預けているが朝には迎えに行くつもりだ、と説明し、さらにこう続けた。「夫は数年前ナイフで刺されて死んだの。もしあなたがわたしを殺せば、娘は1人になってしまうわ」

2人が出会って2時間が過ぎた頃、ニコルズがぽつぽつと心の内を話し始めた。恋人を強姦したという濡れ衣を着せられたこと。逃げるためなら、どんなことでもやるつもりだということ。スミスは同情した。彼女も拘置所にいたことがあったからだ。彼は「もうくたくただ」と言った。俺はもうこれ以上誰も傷つけたくない。

長い夜が続いた。ニコルズは、大麻はないのかと訊いた。スミスの部屋に大麻はなかったが、「アイス」(覚醒剤)ならあった。もう数年使っている。彼女は麻薬中毒だったのだ。共通点を見つけたことで2人の距離感が縮まった。

ニコルズが覚醒剤を吸い始めると、スミスはそれまでとはまったく異なる視点から自分の状況を捉え始めた。わたしの人生は、この覚醒剤のせいで、失敗の連続だった。彼女はずっと定職に就けずにいた。また、娘の養育を放棄し、おばに任せていた。ニコルズに〝あんたも一緒にやらないか〟と言われたとき、彼女は無意識にこう答えていた。「絶対に嫌。そいつがわたしの人生をめちゃくちゃにしたのよ」

彼女は、ニコルズが覚醒剤を鼻から〝緊急摂取《ホットライン》〟するのに手を貸したが、自分では一切吸わなかった。その代わり、こう訊いた。夜が明けるのを待つ間、本を読んでも構わないかしら？

彼女には読みかけの本があった。リック・ウォレン牧師の『人生を導く５つの目的』。32章まで読んだところだった。彼女が本を取り出すと、ニコルズは声を出して読んでくれ、と言ってきた。そして彼女が印をつけていた文章を読むと、ニコルズは言った。今のところをもう一度読んでくれ。その文章の始まりはこうだ。

「神は目的をもってあなたを造られ、あなたが与えられたものを最大限に活用していくことを期待しておられます」

「あんたの目的は何だと思う？」とニコルズが訊いた。それから2人は語り始めた。神が自分たちをこの世に送り出した目的について。そしてニコルズが銃で撃った人たちの家族について。

「彼に読み聞かせを始めてから……彼がわたしの信仰を、わたしが本当に信じているものを、理解しているように思った」とスミスは後に記者に語った。

ニコルズはスミスに、俺には何の希望もない、と言った。「俺の目を見ろよ。俺はもう死んでいるんだ」そこでスミスは反論した。「死んでなんかいないわ。わたしの目の前に立ってるじゃない」そしてさらに続けた。こういうふうに考えられない？　あなたがわたしのアパートにたどり着いたのは幸運だった、って。そのおかげで、あなたが神から授かった目的に気づけたんだもの。

一方、彼女は密かに、彼のことを神から送られた使者と考えるようになった。彼女の薬物中毒を終わらせるために送られた使者なのだ、と。

夜が明けると、スミスはニコルズにパンケーキを作ってやった。そして彼の運転する車の後ろを、自分の車に乗ってついて行った。彼が裁判所から逃走する足として使ったトラックを遠くに捨てるためだ。彼女は後に、そのときに逃げようとは思わなかった、と言っている。公の場で銃撃戦になって誰かが傷つくリスクを回避したかったから、と。

そして午前9時半、ニコルズはついに、スミスが1人で娘を迎えに行くことを許可した。彼女は迎えに行く途中で車を止めて911に電話した。ニコルズは抵抗することもなく、おとなしく身柄を確保された。

「わたしは、神様が彼をわたしのドアに導いてくれたのだと信じています」とスミスは記者に語った。ニコルズはその後54件の訴因で有罪判決を受け、仮釈放なしの終身刑を複数宣告された。死刑に関して陪審員の意見がまとまりきらなかったのだ。

一方、アシュリー・スミスは、自身の体験を本にし、再婚、一子をもうけた。病院で働くプロの技術者となった彼女は、自分の体験を福音主義者のイベントや麻薬中毒克服プログラムで頻繁に語っている。もう覚醒剤は使っていない。2005年3月12日、ブライアン・ニコルズに人質にされた、あの日からずっと。

このストーリーは熟考に値すると思う。その話は、偶然巡り会った2人の不完全な人間が通じ合い、共通の理解を築き、未来を変えたということを示しているからだ。

作家スティーブン・R・コヴィーは、このような機会を、「すべてを一変させる決定的瞬間」と表現している。「下した決断によって、我々は複数ある道の1つを歩き出すことになる。そして、そのそれぞれの道は、まったく異なる目的地に通じているのだ」と。

そのような機会がいつ訪れるのかを予測することは不可能だ。予測できるのはただ、そのときは必ず来るということ。そして、そのときが来たらあなたは「その瞬間」に本当の自分で立ち会わなければいけないということだ。

アシュリー・スミスにその瞬間が訪れたとき、彼女には本音を語る心構えができていた。その意味で、わたしは彼女を讃えたい。また、彼女の信仰心の功績も認める。そのおかげで、彼女は自分の信念に自信を持ち、真摯に、正直な気持ちで意思疎通することができたのだ。

彼女はブライアン・ニコルズとの対話から2つの意味で見返りを得た。自分とニコルズの命を救い、思いがけず、麻薬中毒に打ち勝つ精神的な強さを自分の中に見つけたのだ。

◉善き友 内面的成功に貢献する人間関係

友は旅を共にする仲間のようなもの。
より幸福な人生への旅路を耐え抜くために、
互いに助け合う存在でなくてはならない。

――ピタゴラス

この章の大半は、アリストテレスが言う「有用な友」を作り、動かすことに焦点を当ててきた。そういう友達は、あなたが対外的な意味で成功を収めるのに貢献してくれる。しかし、アシュリー・スミスの話で裏付けられたように、人との交流は、内面的な成功にも影響を与える。

そこで、本章を締めくくる前に、あなたの内面的成功に貢献してくれる、あなたにとって最も重要な人間関係について考えてみたい。

アリストテレスは、人間関係の中でも「善き友」と呼ぶものを特別な存在と位置づけた。アリストテレスの著書『ニコマコス倫理学』では「善き友」を次のように説明している――あなたにとって良いことだけを望み、下心からではなく、互いに助け合うためだけに付き合っている人、と。

この種の友情は、「楽しい友」や「有用な友」に比べたら少ない。「善き友」との関係を維持・更新するには労力が要るし、その人たちはあなたの性格や関心について色々と口を出してくるのだから。

わたしが思う「善き友」とは、あなたの欠点を知りながらも、あなたがなり得る最高の姿に目を向ける人たちだ。あなたはその人と付き合うことで、大きく成長できる。

正真正銘の友達、「善き友」と呼べるのは、厳選された人だけだ。ピタゴラスの言葉を借りれば「旅を共にする仲間」の役を果たす人。それは一緒にいて楽しいとか、一緒に課題を片付けるという関係にとどまらない、それ以上の関係を意味する。

「善き友」のセルフチェック

わたしの「善き友」たち

あなたの「善き友」のリストを作ってみよう。なぜその人が「善き友」なのかを考えてほしい。最近連絡を取っていないなら、自分から連絡して、その人がいかに重要な存在かを伝えよう。

1：

2：

3：

4：

5：

◉――最後に

この章では、成功を人間関係という視点から考察してきた。第一印象と〝うち解けた関係〟の科学的仕組みについて、また、いかに人間関係が影響力への道を開き得るかについても見た。権威・知識・能力・信用に支えられた信頼性は、その人の言葉に説得力を与える。一方、情熱や信念を持って対話すれば、人間関係を一変させることもできる。1人のときには見いだせなかったような、もっと素晴らしい場所へ、あなたと、その相手を導きながら。

しかし、まだわたしたちが論じていない種類の人間関係がある。その話で、この章を締めさせていただきたい。

すでに述べたが、ギブスは、気難しい性格にもかかわらず成功した。彼には献身的な妻もいたし、仕事も上々で、少数ではあるが親しい友達もいた。しかし、ある2人との関係だけは、ギブスの人生における失敗となった。その2人とは、息子のフランクとクリストファーだ。

サクセス・ストーリーにはたいてい影の側面がある。ギブスも例外ではない。彼がヴェラ・クラヴァスと結婚したとき、彼女にはすでに息子が1人いた。その後、ヴェラとギブスの間に2人の息子が生まれた。

ギブスは造船技師としては成功したが、その2人の息子の父としては失格だった。年月が経つにしたがって、一家はだんだん疎遠になり、末っ子のクリストファーは、1967年、ギブスの葬儀への出席を拒否している。

有意義な家庭生活が成功の基準の1つだと考える人から見れば、ギブスの人生には、深く、大きな傷があったということになるだろう。1927年にギブスが設計したマロロ号が負った傷に負けないくらいの傷が。しかし、その傷がギブスを沈没させたかどうかは、あなたの判断次第だ。

ギブスの何がいけなかったのだろう？

原因として1つ考えられるのは、彼の有名な気難しい性格だ。しかし彼は、その態度を本当に変えたいと思う場面では、実際に変えることが出来たはずなのだ。自分の人生において本当に特別な人のためならば。

だからわたしは別の説を持っている。

ギブスには、手本となるような父親がいなかった。そのため、2人の息子とうまく対話をすることが出来なかったのだと思う。彼は自分の父のスタイルを踏襲してしまった。息子に心を開いて接するのではなく、自分の壮大な人生物語の脚注程度のささいな存在として息子たちを扱ったのだ。

対外的な成功にとらわれる人は、たいてい、内面的な成功において大きな代償を払う。第3章で使った言葉を持ち出すなら、ギブスは「名声を求める餓鬼」だったのかもしれない。業界内の称賛に満足できず、息子の尊敬と愛を得る機会を逃したのだ。

いよいよ、この章をもって、本書の後半部分は完結する。第1部では、あなたにとっての成功の定義を問いかけた。第2部ではそれをどうやってものにするかを問いかけた。そしてわたしはそれに対し、5つのステップを提案した。

1 「うまくできること」を見極める（自分独自の素質の組み合わせを探ろう）
2 自分に火をつける（内発的モチベーションと外発的モチベーションを組み合わせよう）
3 リスクを恐れず前に進む（試行錯誤を通じて自信を育てよう）
4 精神力を集中させる（情熱・想像力・直感・理性を、目標に集中させよう）
5 人を動かす（影響力を働かせ、人を巻き込もう）

あなたは、これらの成功のツールを研ぎ、使える状態になっている。そして今や、本書を通じて培った真の成功のビジョンが、あなたの進むべきステップを照らし出しているはずだ。

第９章のポイント

影響力を働かせ、人を巻き込む

誰しも1人では成功できない。何かを実現させるには人を動かさなくてはならない。

あなたが使える最も重要な切り札は2つ。1つは信頼性。もう1つは、本音ベースの双方向の対話に人を巻き込む能力だ。


信頼性は、人生で日々培い、更新していかなくてはならない。

人は、あなたが信用できると思えば、そして権威・知識・有能さを備えていると思えば、そうでない場合よりもずっと喜んで信頼し協力する。

信頼性を築くのは、場合によっては一生かかるかもしれない。しかし、人間としての信用は、失うときは一瞬だ。けっして信頼性を傷つけてはいけない。


対話とは、人が互いの心にじっくり耳を傾け、開始時点のそれぞれの見解よりも深い「共有の思いのプール」を作ることだ。そういった対話は人生を変える力がある。

おわりに

それぞれの道へ

2つのものの比でしか、本当に成功を測ることはできない。
1つは、なっていたかもしれない自分や、成し遂げていたかもしれないこと。
そしてもう1つは、実際に成し遂げたこと。

——H・G・ウェルズ

「成功の授業」の最終日はいつも、喜ばしくもあり、せつなくもある。わたしは、それぞれの生徒がたどり着いた「成功の定義」が書かれた最終論文を集め、別れの言葉を交わす。同時に、わたしたちは、何か特別な体験を共にしてきたという感覚を分かち合う。

「成功の授業」を受ける生徒たちはほとんど、最終学年の最後の学期にこの授業を取る。だから生徒たちにとって、この授業の終わりは社会人生活の始まりを意味する。教室には希望と不安の入り混じった空気が充満している。みな未来を予測し、それに備えている。

わたしは「成功の授業」の卒業生から届いた手紙を読んで聞かせる。先輩たちの〝冒険〟の行方が書かれた手紙だ。その手紙で、わたしは生徒たちに教えたいのだ。君たちは「成功の授業」から、この先の人生で本当に役立つ武器を得たのだ、と。

あなたには、1年前に「成功の授業」を受け、今はフィリピンにいるエヴァン・チェンからもらったメールを紹介したい。

彼は敬虔なキリスト教徒だったが、そのことを授業で語ったことはなかった。しかし、わたしは彼のレポートでそのことを知った。そして、彼の信仰が、やりがいのある仕事探しにいかに重要かということについて彼と話し合った。

結局、彼は卒業までにアメリカでの仕事が決まらなかった。そこで、故郷で仕事を探そうと、フィリピンへ帰って行った。彼からのメールには、その後のことが書かれていた。

エヴァンはフィリピンで、ある新興非営利組織の創設者に出会った。教育系NPO法人、ティーチ・フォー・アメリカから派生したティーチ・フォー・フィリピンの創設者だった。

その組織は、ティーチ・フォー・アメリカ同様、有能な大学4年生を採用し、フィリピンの地元小学校に教師として2年間派遣するという計画を立てており、計画の立ち上げ段階が終わろうとしていた時期だった。

その後、エヴァンが数社の一般企業の面接を受けていたとき、ティーチ・フォー・フィリピンから電話がかかってきた。研修・サポートチームのリーダーにならないかという誘いだった。

彼は悩んだ。ティーチ・フォー・フィリピンの仕事では、一般企業ほどの給料はもらえない。それに、その事業がアメリカ同様に、フィリピンでもうまくいくとは限らない。大学を出てすぐリスクのある非営利組織で働くのは、将来の選択肢を狭めることになるかもしれない。

自分の進むべき道について考えるうちに、彼の頭には「成功の授業」でのディスカッションの光景がよみがえってきた。彼のメールにはこう書かれていた。

「はっきり思い出しました。ぼくの人生の夢は、人が夢を叶えられるように支援することだと気づいたことを。ぼくは授業のノートや先生のコメントを読み返しました。先生は〝カウンセラーや人材管理者として働いていくうちに、いつか夢を実現できるのではないか〟と書かれていました。〝それは君の信仰心から導き出せるミッションでもある。がんばれ！〟と」

その記憶を胸に、エヴァンはフィリピンでの相談相手に悩みを持ちかけた。

「その人は〝自分が今30歳で同窓会に参加していると想像してごらん〟と言いました。〝元クラスメートと何について話したいと思う？　君が面接を受けた企業の仕事の話か、それとも新しい非営利組織の立ち上げに参加する話か？〟彼は、どちらを選ぶべきかは言いませんでしたが、こう言いました。〝君は自分の心が導く場所へ進むべきなんだよ〟と」

エヴァンはメールの最後で、授業で論じたやりがいのある仕事について触れた。そこには「こんなに早く見つかるとは思っていませんでした」と書かれていた。「まちがいなく、報酬をもらえ、情熱を燃やせ、特技でもあると断言したいところですが、それはこれから証明しなければなりません。そんな仕事を見つけたのです！」

あなたにも、エヴァンがつかんだようなチャンスをつかんでほしいと思い、わたしは本書を書いてきた。自分の人生について、人間関係について、才能について、そして未来の目標について、きちんと考え、自分なりの答えを出すチャンスを提供したかったのだ。

自分の仕事と人生について、正しいテーマに的を絞り、正しい道筋で考えれば、誰でもどんなときでも大きな実りを手にすることができる。人生の分かれ道にぶつかったとしても、自分の成功のビジョンにつながる可能性がより高い道を判断できるようになる。

エヴァン・チェンの社会人としての人生は始まったばかりだ。今の仕事は彼にとって最後の仕事ではないだろうし、今の仕事を選んだ決断も、人生を変える最後の決断というわけではないだろう。しかし重要なのは、彼はその後の人生を輝かせる最高の先例を自ら生み出したということだ。

エヴァンは、偽りない自分自身の成功の価値観に沿った選択をした。そうやって選び続けていく限り、彼は生き生きとした人生を歩めるはずだ。わたしの他の多くの生徒たちもそうだったし、あなたもそうだとわたしは信じている。


では、本書を締めくくるために、各章のキー・ポイントを振り返っていこう。学んだことを思い出しやすいように、各章で紹介した例や引用文も所々交えながら、見ていくことにする。

第1の大きな質問　「成功とは何か？」

最初の4つの章では「成功とは何か？」という問題について考えた。いくつかの手法で、あなたの成功の概念がどこから来ているのか、そのルーツを検証しつつ、話を進めた。

第1章　成功とは「自分らしい人生」を選ぶこと

第1章の目的は「成功の2つの側面のバランスを取る」ことだ。

わたしたちはまず〝「6つの人生」の演習〟に取り組んだ。あなたはどの人生を1位に選んだか思い出せるだろうか？「成功の授業」が終わった今、順位が変わっていないか、もう一度確認してみるのもいいだろう。

〝「6つの人生」の演習〟のポイントは「成功は常に交換条件《トレードオフ》を求められるものだ」ということだ。成功は、何かを「達成」すること（対外的側面）だけでもないし、「幸福」（内面的側面）だけのことでもない。両方が混ざり合ったものだ。

言い換えれば、成功には〝対外的な意味の成功〟もあれば、充足感を指標とする〝内面的な意味の成功〟もある。あなたは、常にこれらの2つの側面のバランスを取らなくてはならない。

そのためにはどうしたら良かっただろうか？――自己認識を深めることだ。

第1章はミシェル・ド・モンテーニュの次の引用文で始まった。「自分に耳をすませば、誰しも気づく。自分の中に、自分を支配する独自のパターンがあることに」

自分に耳をすませば、自分が本当にわくわくするものに気づくことができる。また、人生の方向に不満を感じているときにも、そのことを自覚しやすくなる。

「6つの人生」に登場する石工は、自分の仕事に満足していた。その仕事のどこが好きなのかをはっきり理解していたからだ。

「れんがや石を積んで過ごす1日は、いいものです」と彼は言った。「大変な仕事ですが、1つ1つの石をしかるべき所に押し込むのに夢中になっていると、いつのまにか1日が終わっています」あなたにも彼のように、深い自己認識にもとづいた自分の仕事を見つけてほしい。

第1章のトップを飾った社会起業家エリック・アドラーも、自分が選んだコンサルタントという仕事への不満を認めることで、自分だけの成功の旅を開始した。

さらに、自分に耳をすませば、他人の考えを過度に重視していることにも気づける。ローマ皇帝マルクス・アウレリウスはその状態を巧みな言葉で表現した。その言葉は、多くの生徒が「成功の授業」の中でも最も印象的な引用の1つと考えている。

「よく不思議に思うのだが、人がみな、その他全員よりも己を愛するのは、一体どういうわけであろう。人の意見は、自分の意見よりも重視するというのに」

本書の「はじめに」で、スティーブ・ジョブズの有名なスピーチを引用したが、彼もマルクス・アウレリウスと同じ考えだ。

「人の意見の雑音で自分の心の声をかき消されてはいけません。1番重要なのは、自分の心と直感に従う勇気を持つことです。不思議なことに、心と直感は、あなたが本当は何になりたいのかをすでに知っているのです」

第2章　成功とは「幸せ」になること

第2章は成功の内面的側面に焦点を当てた。

最初に、わたしが〝知の天使〟という愛称をつけた、ウォートンの幸福セミナーに現れた労働者階級の初老男性の話をした。彼はセミナーの発表者にこう言った。

「わたしが思うに、幸福の意味はたった3つ。健康、やりがいのある仕事、愛。それさえあれば幸せですよ」

この章では、あなたにとっての幸せを定義した。あなたより先に、多くの賢人たちが幸福の定義に挑戦している。ここでは2人の賢人の回答を振り返っておくことにしよう。

「幸せとは、あなたが愛し、あなたを愛する人と時を共にすることであると言っても、過言ではない」（ノーベル賞受賞者・心理学者、ダニエル・カーネマン）

「やるべきことをやっているときに訪れる魂の経験」（アキヴァ・タッツ）

「幸せ」の定義は人それぞれだ。あなたの定義は何だろうか？

第3章　成功とは「地位・名声・富」を得ること

第3章では、あなたを取り巻く文化や家族が、いかにあなたの成功の定義に影響しているかを確認した。あなたは知らず知らずのうちに家族や文化に影響されているが、その影響力を認識できれば、自分の目標をうまくコントロールできるようになるからだ。

この章は、カール・ボルチ・ジュニアの話ではじまった。それは、人が人生半ばになってふと現実に目覚め〝自分はずっと与えられた目標に向かって競争してきたのだ〟と気づいたときの心情を、よく描いている。

カール・ボルチ・ジュニアの知人の弁護士はあるとき彼にこう言った。「高校では良い大学に入るために勉強して、大学では良いロー・スクールに入るために勉強して、ロー・スクールでは一流の法律事務所に就職するために勉強した。そして法律事務所ではパートナー弁護士になるために働いた。それでやっと分かったんだよ。これってパイの大食い競争じゃないかって。勝った後にもらえる賞品はいつも同じ……『もっとパイが食べられる権利』。そんなの誰が欲しい？」

あなたの目標は、両親や権力者を喜ばせたいという願望から生じることもある。詩人ライナー・マリア・リルケはかつてこう書いた。こどもは往々にして、「両親から託された〝彼らの叶えられなかった人生〟をなぞって生きている」と。

また、「地位や名声、巨万の富が、成功である」という通念が正しいかどうかを検証するため、〝宝くじの演習〟に挑んでもらった。巨万の富と名声を手に入れたとしたら、あなたは次に何をやるだろう？

宝くじで1億1200万ドル（112億円）を当てた、シンシア・スタフォードの行動は見事だった。彼女はお金を有益なことに使ったのだ。

「今の自分がわたしにはちょうどいいと思っています」と、スタフォードは『ハフィントン・ポスト』の取材に答えた。「わたしの生活は、（宝くじ当選前と比べて）ほとんど何も変わっていません。ただ、心からやりたいことをやるためのリソースが、前より増えただけです」

突然降ってきた富で、彼女の人生は180度変わった。しかしその後でさえ、彼女は人生のバランスを見事に維持している。

しっかりとした基礎に支えられていなければ、名声や富を手にしたそのときに、人生は崩壊しかねない。裏を返せば、すでに人生がそのような基礎に支えられているならば、名声や富がなくとも、成功したと言えるのではないだろうか。

第4章　成功とは「やりがいのある仕事」

第4章は、ドイツの就職情報サイトからの引用文で幕を開けた。

「合わない仕事をしていられるほど、人生は長くない」

そして、あなたが、合わない仕事に捕まって身動きが取れなくなることがないように、労働・キャリア・天職の違いについて検討した。わたしとしては、この3つのカテゴリーの最後の1つは、「やりがいのある仕事」と呼んだ方が良いと思っていることもお伝えした。

やりがいのある仕事はどこで見つけられるのだろう？　それは3つの円の重なった部分にある、というのがわたしの考えだ。つまり何らかの「報酬をもらえる」、あなたの「才能と強みを生かせる」、そして「情熱を燃やせる」、という3つの条件を満たす仕事だ。

3つの条件の中でも最も手に入りにくいのは3つ目だが、そうした情熱を燃やせる仕事を見つけるためには2つの道があった。

1つ目は、適性のある分野に進み、それを極め、その職業から意義を引き出す道。

2つ目は、ポー・ブロンソンの指摘した進路、「深い感情的な体験」に従う道。

また、仕事のやりがいには、7種類の源があった。頭文字を取ると、PERFECTとなる。以下の価値観のうち、あなたはどれに最も心を揺さぶられるだろうか？

- P：個人の成長と発展（Personal growth and development）
- E：起業家的独立性（Entrepreneurial independence）
- R：宗教的または精神的アイデンティティ（Religious or spiritual identity）
- F：家族（Family）
- E：アイデア・発明・芸術を通した自己表現
（Expressing yourself through ideas, invention, or the arts）
- C：コミュニティー（大義に身を捧げ、支援の必要な人々を助ける）
（Community-serving a cause, helping people in need）
- T：才能を磨く努力（Talent-based striving for excellence）

◉――第2の大きな質問　「どうやって成功するか？」

本書の第2部では、あなた独自の才能と能力に話を移し、5つの章を通して、あなたの素質、モチベーション、自信の源、精神力、対人スキルについて検討していった。

第5章　素質――「うまくできること」を見極める

第5章のテーマは、あなたの素質を組み合わせ、あなただけの「うまくできること」を見つけることだ。

この章は、デンマークの言い伝えの引用で始まった。「ケーキが欲しければ、手持ちの小麦粉で焼かなくてはならない」

人はつい、幸せになるための材料を外に探しに行ってしまう。「もし〜でさえあれば」と思っているせいで、せっかく潜在能力があるのに、それを発揮できずにいる人がたくさんいる。

この章で主張したいのは「必要なものは近くにある」ということだ。ジュリア・チャイルドから学んだことの1つは「楽しめるものを見つけて、それをとことんやってみよう」ということだった。

また、テンプル大学の創設者ラッセル・コンウェルの有名なスピーチを取り上げた。そのスピーチは、シンプルな教訓を伝えていた。

〝成功に必要なものはあなたの裏庭にある。それに目を向けるかどうかの問題なのだ〟と。

この章ではその後、あなたの中から以下の４つのダイヤモンドを探し出す手伝いをした。

・興味と情熱
・適性とスキル
・過去の経験
・性格の強み

この章でキーとなるパートは、「強み診断テスト〝SAME《セイム》〟」だ。自分自身のことをよく知ると、自分の強みに合った仕事を選ぶことができる。そうすれば、必要なスキルの修得も速くなるし、モチベーションも高まる。

SAMEを構成する４つの〝性格の土台〟（社会的スタイル・行動傾向・思考傾向・感情的気質）のうち、あなたの中で最も優勢だったものはどれだろうか？　自分のキー・パーソナリティーを理解し、それを、様々な職業の可能性を考える際のふるいとして使えば、成功につながる道を効率良く見つけられる可能性が高い。

第6章　モチベーション――自分に火をつける

「自分に火をつける」には何が必要なのだろうか？

第6章では、2種類のモチベーションについて検討した。1つは、内発的な「満足感ベースのモチベーション」。ダニエル・ピンクが著書で「自由、挑戦、目的」を求める意欲と表現した原動力だ。そしてもう1つは、外発的でより伝統的な「報酬ベースのモチベーション」。これはお金やステータス、称賛、認知などを得られる場合に生じる原動力だ。

多くの自己啓発書では、外発的な報酬ベースのモチベーションを重視せず「内発的な満足感ベースのモチベーションに目を向けなさい」と言っているが、わたしはその意見に反対だ。最善を尽くすなら、両方のモチベーションを組み合わせ、バランスを取るべきだ。

長期的にやる気を支えるには満足感ベースのモチベーションが最適だし、短期的に馬力を出すには報酬ベースのエネルギーが最適なのだ。

わたしはあなたのモチベーションを探る手助けをしただけでなく、モチベーションが低下してしまったときにそれを補給するためのアイデアをいくつか提案した。

・仲間に対して責任を持つ
・手本となる人を探し、関わりを持つ

・モチベーションを高める儀式を習慣にする
・自分自身と競争し、ごほうびを与える
・成功して他人を見返す
・最強の感情、本能のスイッチを入れる

そして最後に、32850という数字について考えた。それは運良く90歳まで生きられた場合の、人が一生の間に生きる日数だ。あなたがこの世にいられる時間が限られているという事実は、ひょっとしたらあらゆるモチベーションの中でも最も強力なものかもしれない。

スティーブ・ジョブズの言葉を再び引用しよう。

「いずれ自分は死ぬのだと意識しておくこと――わたしが知る限り、人生で重大な選択をする際にこれ以上役立つことはありません。なぜなら、ほとんどのものごと、外部からの期待、プライド、屈辱や失敗に対する恐怖心などは、死の前では消え失せてしまうからです。後には本当に重要なものだけが残ります。……人間そもそも裸一貫。心に従わない理由はありません」

あなたは自分にとっての最強のモチベーションを把握しているだろうか？　それを見極め、日々そのエネルギー源に立ち返り、道を踏み外さないようにしよう。

第7章　自信――リスクを恐れず前に進む

第7章では、自信を育てる方法について考えた。

冒頭を飾ったのは、IQテストの考案者、アルフレッド・ビネーの挑発的な引用文だ。

「スタートで一番賢かった人が、ゴールでも一番賢いとは限らない」

才能とは「すでに備わっている」ものではなく、自分で育てるもの。だから自信が重要なのだ。自信があれば、挑戦し、失敗し、学習し、成長することができる。そうすれば、いつか成功できる。

心理学者ウィリアム・ジェームズが言ったように、「人間が失敗する原因は1つしかない。本当の自分に対する信仰を失うこと」なのだ。

自信には2つの段階があった。

「第1段階の自信」は、深い「本当の自分」の感覚から生まれる。それは、自分は善良な人間であるという信念、そしてこの世界で行動を起こす能力があるという信念だ。

「第1段階の自信」は、尊敬する人物から「あなたならできる」と太鼓判を押されたときに芽生える。人は、人から信用されることで、自分を信用できるようになるものなのだ。

「わたしならできる」という精神を獲得するきっかけはそれだけではない。人格が試されるような通過儀礼を経験した場合。また、人によっては、信仰によってそれを得る場合もある。

「第2段階の自信」は、特定のスキルが必要な活動に関する自信である。スキルを高めることができる「成長志向のマインドセット」には、以下のようなものがあった。

・学習意欲が高い
・積極的に挑戦する
・結果よりも努力を重視する
・失敗を正しく解釈する

あなたは正しい種類の自信を持っているだろうか？

第8章　集中――情熱・想像力・直感・理性を集中させる

精神的な力について嘘八百を書き立てる〝カリスマ〟たちがいる。ロンダ・バーン（『ザ・シークレット』の著者）は、何とも不思議な「引き寄せの法則」というものが存在すると主張する。自分の希望や夢を前向きに思い描いてさえいれば、「引き寄せの法則」が望みのものを届けてくれるというのだ。

もちろん、これが本当なら、あなたのお気に入りのスポーツ・チームは、毎週毎週、対戦相手を打ち負かす。あなたの親友が応援しているライバルチームもそうなるわけだ。

精神の力とは、もっと複雑で奥深いものだ。起きてほしくないことが起きることもあれば、いまだ叶わずじまいの夢もたくさんある。

長期的な目標を達成するために使える精神力は確かにある。それは、情熱・想像力・直感・理性の4つだ。その4つの本物の精神力を1つの目標に集中させるのだ。

この章では、チャールズ・リンドバーグが20世紀の偉業を達成するまでのストーリーを追った。彼は自分の4つの力を、適切なタイミングで活用した。達成に向けて彼が取ったアプローチを、あなたも活用できないだろうか。

- 情熱に耳を傾け、挑戦する価値のある目標を立てる
- 想像力と直感を生かしてアイデアを生み出す
- SMARTな計画を立てる
- 計画を小さなステップにわける
- 即興的に、臨機応変に対処する――そして目標達成へ

第9章　信頼性と対話――人を動かす

第9章の扉にわたしはマーク・トウェインの言葉を引用した。

「常に正しいことを為せ。それはある人々を喜ばせ、残りの人々を驚嘆させる」

この言葉を載せたのは、成功への旅路で他の人を巻き込み手助けしてもらうために、信頼性が重要かつ有効だということを伝えるためだ。「正しいこと」をすれば、信用の基盤が確立できる。その信用こそが、「ぜひとも協力しよう」と言わせる促進剤なのだ。

この章ではウィリアム・フランシス・ギブスを取り上げた。彼はアメリカ史に残る影響力のある造船技師であり、その時代きっての付き合いにくい人物でもあった。彼の例は、性格の問題でごくわずかな友達しかいなくても、社会的成功を手に入れられることを教えてくれた。

ここで新たな問題が浮かび上がった。「友達」という言葉が本当に意味するものは何なのか？

ここでは、アリストテレスが提唱した「楽しい友」「有用な友」「善き友」の3つのカテゴリー分けが有益であることが判明した。あなたはきっと個人的な交友関係を、アリストレスの方式でカテゴリー分けしてみたことだろう。その結果をもう一度思い出してもらいたい。

また、ここでは、特に仕事上の関係である「有用な友」と接する際の対人スキルを高めるための以下のようなメカニズムを紹介した。

・〝うち解けた関係〟が構築されるメカニズム
・微笑みのメカニズム
・類似性によって好意的な感情が確立されるメカニズム

また、1つ重要な警告があった。人間関係において成功できるかどうかは、周囲にうまく適応する能力と、自然体でいる能力、2つのバランスをうまく取ることにかかっている。

調度良いバランスを見つけるには、社交上の戦略として愛嬌を振りまくよりも、自分の信頼性を強調したほうがいい。信頼性は、あなたの権威、知識、実績に対する評判、人間としての信用性を、他の人がどう受け止めるかで決まる。

最後に、特に重要な出会いではたいてい、本音で意見を交わす対話能力が成功の鍵となることを学んだ。だから、説得の能力と同じくらい、聞く能力が必要だ。目指すのは、対話する相手と「共有の思いのプール」を作ること。

例として、アシュリー・スミスという麻薬中毒の若い母親の話をした。彼女は、殺人者に人質にされたが、その殺人者と心を通わせることで、つらい状況から脱出することに成功した。

あなたは、命運を分ける会話で本音を共有する心構えがあるだろうか？

●最後に

「成功の授業」を終えるとき生徒たちが出す最終論文には、あなたが本書で追究してきた2つの問題に対する彼らの答えが書かれている。


成功とは何か？

どうやって成功するか？


結論は、生徒の数だけある。

あなたは論文を提出しなくてもいいが、現在進行形の人生をどう生きていくのかは決めなくてはならない。わたしたちがこれまで一緒に考えてきたのは、すべてそのためなのだ。

今のあなたなら、自分の考えを書き出し、話すことで、信頼する人たちの助けを借りながら、自分の道を進んでいけるはずだ。そうであることを心から願っている。

「成功の授業」では、最後の最後に、集合写真を撮る。生徒たちは3カ月間、互いの目標や不安、そして成功のセオリーを分かち合い、親友でさえ知らない互いの本当の姿を知った。卒業することにワクワクすると同時に、仲間と別れる寂しさも感じている。そして、自分たちが「実社会《リアルワールド》」と表現する場所へ足を踏み入れたとき何が待ち受けているのか、ちょっぴり不安にも思っている……。そんな特別な瞬間を切り取るのが、その集合写真だ。

わたしは、いつも決まって、親友が長い長い旅に出ていくのを見送るような気分になる。わたしは船がそれぞれの海へ出て行くのを見守りながら、波止場に立って手を振っている。わたしにとっては、わたしの教室こそが「実社会《リアルワールド》」なのだ。そして彼らはそこから去っていく。

わたしはあなたにも同じような別れのあいさつをしたい。

あなたの希望、夢、そして不安は、ずっとわたしの隣にあった。わたしは、本書で紹介した様々な視点や演習・評価ツールが、あなたの自己認識をより確かなものにしてくれることを祈っている。ウォートンの生徒と同様、あなたもこの学びの経験を、自分自身のものとしてカスタマイズしていってほしい。

わたしの目標は、自身の学びの経験を生きた問題集にすることだった。あなた自身、あなたの目標、そして、あなたの人生について考えるための問題集に。

あなたがこの本で何かしら有益なことを学べたなら、わたしは目的を達成したことになる。なぜなら、わたしにとっての成功とは、人がその人独自の道を見つけ、それに沿って前進していけるよう手助けすることなのだから。授業をし、本を書くことは、その〝成功〟を実現するためのわたしなりの奮闘の仕方である。

ウォートン・スクールの
本当の成功の授業

発行日　2015年1月25日　第1刷

Author　リチャード・シェル
Translator　木村千里（翻訳協力・トランネット）
Book Designer　遠藤陽一（DESIGN WORKSHOP JIN, Inc.）
Publication　株式会社ディスカヴァー・トゥエンティワン
〒102-0093　東京都千代田区平河町2-16-1 平河町森タワー11F
TEL　03-3237-8321（代表）　FAX　03-3237-8323
http://www.d21.co.jp

Publisher　干場弓子
Editor　原典宏

Marketing Group
Staff　小田孝文　中澤泰宏　片平美恵子　吉澤道子　井筒浩　小関勝則　千葉潤子
飯田智樹　佐藤昌幸　谷口奈緒美　山中麻吏　西川なつか　古矢薫　伊藤利文
米山健一　原大士　郭迪　松原史与志　蛯原昇　中山大祐　林拓馬　安永智洋
鍋田匠伴　榊原僚　佐竹祐哉　塔下太朗　廣内悠理　安達情未　伊東佑真
梅本翔太　奥田千晶　田中姫菜　橋本莉奈
Assistant Staff　俵敬子　町田加奈子　丸山香織　小林里美　井澤徳子　橋詰悠子
藤井多穂子　藤井かおり　葛目美枝子　竹内恵子　熊谷芳美　清水有基栄　小松里絵
川井栄子　伊藤由美　伊藤香　阿部薫　松田惟吹　常徳すみ

Operation Group
Staff　松尾幸政　田中亜紀　中村郁子　福永友紀　山﨑あゆみ　杉田彰子

Productive Group
Staff　藤田浩芳　千葉正幸　林秀樹　石塚理恵子　三谷祐一　石橋和佳　大山聡子
大竹朝子　堀部直人　井上慎平　松石悠　木下智尋　伍佳妮　張俊崴

Proofreader　株式会社鷗来堂
DTP　小林祐司

ISBN978-4-7993-1612-2